U0113145

中华优秀传统文化经典诵读

增广贤文·格言联璧诵读本

升级版

中华书局经典教育研究中心 编

南 木 注释

中华书局

图书在版编目（CIP）数据

增广贤文·格言联璧诵读本/中华书局经典教育研究中心编；
南木注释.—2版.—北京:中华书局,2020.9
（中华优秀传统文化经典诵读）
ISBN 978-7-101-14666-0

Ⅰ.增…　Ⅱ.①中…②南…　Ⅲ.①古汉语-启蒙读物②格言
-汇编-中国-古代-青少年读物　Ⅳ.①H194.1②H136.33-49

中国版本图书馆CIP数据核字（2020）第132689号

书　　　名	增广贤文·格言联璧诵读本（升级版）
编　　　者	中华书局经典教育研究中心
注 释 者	南　木
丛 书 名	中华优秀传统文化经典诵读
责任编辑	章　琳
出版发行	中华书局
	（北京市丰台区太平桥西里38号　100073）
	http://www.zhbc.com.cn
	E-mail:zhbc@zhbc.com.cn
印　　　刷	北京市白帆印务有限公司
版　　　次	2014年9月北京第1版　2020年9月北京第2版
	2020年9月北京第7次印刷
规　　　格	开本/787×1092毫米　1/16
	印张12　插页2　字数60千字
印　　　数	25001-33000册
国际书号	ISBN 978-7-101-14666-0
定　　　价	24.00元

出版说明

读经典的书，做有根的人。雅言传承文明，经典浸润人生。诵读中华经典，是青少年学习中华传统文化的有效方式。青少年时期是人生记忆的黄金阶段，这个时期诵读一定量的中华经典，不仅有助于锻炼、提高记忆力，提升学生的语文素养，学习做人、做事的基本常识，更有助于提高学生的思维水平。

为了满足广大学生、家长和教师诵读中华经典的学习需求，顺应时代发展要求，我们组织相关专家、学者和一线教师，对原"中华诵·经典诵读行动"读本进行了修订升级，推出"中华优秀传统文化经典诵读"系列。"中华优秀传统文化经典诵读"系列在原"中华诵·经典诵读行动"读本的基础上精选品种、修订讹误、优化版式并分章节配备音频二维码，旨在让广大学生、家长和教师通过更便捷的方式，享受更优质的内容、体验更纯粹的诵读。本系列图书有下述基本特点：

一、内容系统全面，版本权威。

本系列图书选取蒙学经典、儒家经典、诸子百家、诗文经典等内容。有些经典内容过多，则选择那些流传较广、思想深刻且满足学生学习之需的篇章编成选本。

《增广贤文·格言联璧诵读本（升级版）》以张齐明《增广贤文》(中华书局，2017年)、马天祥《格言联璧》(中华书局，2017年)为版本依据。

二、导读言简意赅，诵读专业科学。

每本图书的正文前都有"内容导读"和"诵读指导"。"内容导读"包括对经典的成书过程、作者和作品思想等方面的综述，"诵读指导"则请播音专业的专家从朗诵角度对每本书诵读时的语气、重点和感情变化等进行指导。

三、大字拼音，注释实用。

正文原文采用19磅楷体大字，符合学生阅读习惯，保护学生视力；为了保证注音和注释的规范、准确、实用，我们确定了以下六条基本原则：

1.依据版本，确定文字；依据文字字义，确定读音。

2.依据《现代汉语词典》（第7版）对文字读音进行标注，《现代汉语词典》中未收的，参照《辞源》（第3版）、《辞海》（第6版）等进行标注。

3.在语流中发生变调的，一律予以变调。

4.对于通假字、古今字、异体字等，在文字下方统一添加"▲"予以标注，并加以注释。同一页中重出的通假字、古今字、异体字等，只作标注，不再出注。

5.格律诗中字词的现代读音与诗歌本身的平仄、押韵不一致的，一律标注现代读音，不作临时改读。

6.对于难字、难词、难句的注释，力求精练、准确、易懂。

四、有声经典，轻松获取。

全套图书配有由专业播音员、配音演员诵读的全本诵读示范音频资料，并以二维码的形式分章节附录，方便随时使用。

关于本系列图书的使用，我们的建议和体会是：小切入，长坚持，先熟诵，后理解，家校共读出成效。

本系列图书，从经典著作版本的选择到文本注音、注释的审定，都力求做到精准，但错误之处在所难免，敬请专家和读者批评指正。

中华书局编辑部

2020年7月

目 录

内容导读

诵读指导

增广贤文 ……………………… 1

格言联璧 ……………………… 33

　学问类 …………………… 35

　存养类 …………………… 46

　持躬类 …………………… 56

养生类 …………………………… 84

敦品类 …………………………… 89

处事类 …………………………… 95

接物类 ………………………… 102

齐家类 ………………………… 122

从政类 ………………………… 130

惠言类 ………………………… 142

悖凶类 ………………………… 159

增广贤文·格言联璧诵读本

内 容 导 读

《增广贤文》《格言联璧》中的
成人之道和处世之方

张素闻

"自天子以至于庶人，壹是皆以修身为本。"由修身而齐家，由齐家而治国平天下，是儒家所说的成人之道，通过个体修学的次第而带来个体祥和、家庭和睦、社会和谐的新风貌，由此阶梯型风貌影响而成理所当然不治而治的盛世中华。因此，修身乃是个体与社会的大事，真可谓"宇宙内事，乃己分内事；己分内事，乃宇宙内事"。而《增广贤文》与《格言联璧》就是此等分内之事在世俗生活中的具体操作指南，是传统文化深入中华大地的累累硕果，是电子智能时代的清心良药。

版　本

《增广贤文》的作者一直未见任何记载，书名最早见于明代万历年间的戏曲《牡丹亭》，据此可知此书最迟成于万历年间，又名《昔时贤文》《古今贤文》，经明、清两代文人的不断增补，最后定型成《增广昔时贤文》，通称《增广贤文》，清代同治年间儒生周希陶曾进行过重订。此书围绕成人之道、处世之方，收集了古往今来的各种格言、诗词与谚语，从礼仪道德、典章制度、风物典故到天文地理，几乎无所不包。

清代道光、咸丰时代的学者金缨先生，继其收集编辑的《几希录续》刊行之后，博览古圣先贤警策身心之语，编成《觉觉录》，以警醒世人，开启向道、求道及践道精神，垂范后世。但《觉觉录》内容浩大，刊行费用不菲，金缨先生便择其精要，按儒家《大学》《中庸》之道，以"诚意""正心""格物""致知""修身""齐家""治国""平天下"等主要内容为框架，先行刊布，名为《格言联璧》。此书以类编次，条分缕析，明理近情，分为学问类、存养类、持躬类、摄生类、敦品类、处事类、接物类、齐家类、从政类、惠吉类、悖凶类。十一类之间，经纬交错，皆以"修己、行仁、省躬、察物为归"，共六百多条，用意在于"以金科玉律之言，作暮鼓晨钟之警，实乃成己成人之宝筏，希圣希贤之阶梯"。

内　容

一、丰富详实

成人之道的多个维度：成人之道自先秦以来已经多有备述，孔孟老庄墨法无不基于各自的人性观与世界观而展现对于"成为一个人"的认知与方法，但是详细到分类而列，是《格言联璧》的一个特色，融汇各家之长，则是《增广贤文》与《格言联璧》的又一个特色。具体而言，学问、存养、持躬、摄生、敦品这五个方面多教如何成人，处事、接物、齐家、从政、惠吉、悖凶这六个方面则多教如何处世。《增广贤文》虽然多不注重分类，但亦多围绕此类主题，曾有人将《增广贤文》按照"劝善、识人、交友、齐家、勉学"等维度来分类，让人耳目一新而又心下了然。

多维度展现成人之道与处世之方是这两本书的一大特点，有时一条格言就已经包括了多个维度，比如《格言联璧》中的持躬类，其中有："以'媚'字奉亲，以'淡'字交友，以'苟'字省费，以'拙'字免劳，以'聋'字止谤，以'盲'字远色，以'吝'字防口，以'病'字医淫，以'贪'字读书，以'疑'字穷理，以'刻'字责己，以'迂'字守礼，以'狠'字立志，以'傲'字植骨，以'痴'字救贫，以'空'字解忧，以'弱'字御悔，以'悔'字改过，以'懒'字抑奔竞风，以'惰'字屏尘俗事。"奉亲、交友、止谤、读书、守礼、立志、改过等都是为人处世需要密切关注的内容，若非生而知之者，定然要学而知之。而这两本书针对生命与生活的各种问题，给读者提供了多种自省自律、自我塑造、自我管理的参照标准，令人如亲师友，如逢知己。

处世之方的多个方面：待人处事、接物齐家、学问从政、趋吉避凶等都是处世之方。人伦与人的关系最密切又最关键。古者教人明人伦，所谓"世事洞明皆学问，人情练达即文章"，在《红楼梦》中有戏谑之疑，在现实中为人处世却确见功夫。"遇刚鲠人，须耐他戾气。遇骏逸人，须耐他妄气。遇朴厚人，须耐他滞气。遇佻达人，须耐他浮气。"中华文化的魅力即在于它并非单薄呆滞的结构，而是多元浑厚又生生不息，变易为道，而在变易之中自有不变之处与不变之机。"人褊急，我受之以宽宏；人险仄，我平之以坦荡。"不变的是个体的自主性，也即明晃晃的主观能动性，变的是纷至沓来的外缘境遇与手眼机括。

二、不离生活

世俗生活与道德内涵：中国人的道德审美与世俗生活紧密相依，在寻常日用中体现高高在上的道，须臾不离，乃至因为世俗生活处理得融会贯通，才更加突显道德的光彩与审美的特质。"居视其所亲，富视其所与，达视其所举，穷视其所不为，贫视其所不取。"道德并非理想，亦非观念，而是每个当下都在考验以及呈现的心灵原貌，生活并不在别处，就在途中，途中即家舍，家舍即途中。

个体品德与群体思维：中国人向来注重群体生活，而个体修养与德行的锻造也就在多种群体生活中日趋完善。"善处身者，必善处世；不善处世，贼身者也。善处世者，必严修身；不严修身，媚世者也。"但是，当真狭路相逢，遇到自己拿捏不住驾驭不了的人事时如何处置呢？《格言联璧》犹如秘籍，总会在最关键之处亮出最得力的招数，足以弥补生活中智慧不足之处。"处难处之事愈宜宽，处难处之人愈宜厚，处至急之事愈宜缓，处至大之事愈宜平，处疑难之际愈宜无意。"此等妙语俯拾即是。

三、富于审美

音韵之美：《增广贤文》以有韵的谚语和文献佳句选编而成，内容来自经史子集、诗词曲赋、戏剧小说以及文人杂记，其思想观念都直接或间接地来自儒释道各家经典。从广义上来说，它是雅俗共赏的"经"的普及本，亲切易懂，朗朗上口。《格言联璧》经过金先生的编辑加工，多用排比句式与六朝骈文的四六句式，音韵与节奏之美随处彰显，抑扬顿挫，和谐畅快，特别适合诵读，并能在这种诵读中领会汉语言的音韵之美。

形式之美：《增广贤文》与《格言联璧》多用排比句式与四六句式，精美雅致，结构多体现对仗对称之才情，说理举事之际，择辞之精、成篇之简，取法古今之广博精微都通过这种优雅的形式来彰显。"天地不可一日无和气，人心不可一日无喜神"，何等浩然之语；"任难任之事，要有力而无气；处难处之人，要有知而无言"，何等智慧之心。而其言词的形式之美，不用揣摩研读，无需细心体会，尽皆扑面而来，处处经脉贯通、气韵生动。

人际学习之美：君君、臣臣、父父、子子，向来被后人诟病，今天这样重视民主与权利的时代，较少人关心古人的伦理意义与精神内蕴，极易带来剑拔弩张的精神紧张与人际遭遇。而《格言联璧》就依照古人尊师重道之风，总结了古人极为民主的人际学习的方式，并在尊人中尊己，在立人中立己，在觉人中觉己，在利人中利己。"宽厚之人，吾师以养量；缜密之人，吾师以炼识；慈惠之人，吾师以御下；俭约之人，吾师以居家；明道之人，吾师以生惠；质朴之人，吾师以藏拙；才智之人，吾师以应变；缄默之人，吾师以存神；谦恭善下之人，吾师以亲师友；博学强识之人，吾师以广见闻……"都是中国人古已有之的人际处理模式，尊师重教，谦和温厚，有柔顺之慧与仁爱之美。如此看来，则"五伦十义""八德"等，亦都是优化人际模式的方法，而非难以达到的生硬要求。

人格之美：中华文化重视人格的塑造与人心的打造，立德立功立言中，立德放在第一位。德者，得也，行而有得谓之德。《增广贤文》与《格言联璧》就秉承这样的线索，千方百计、苦口婆心亦只是教导成人之道、处世之方，乃至处世之方亦为成人之道而服务。"人以品为重，若有一点卑污之心，便非顶天立地汉子；品以行为主，若有一件愧怍之事，即非泰山北斗品格。"人乃天地万物中人，无愧于天地万物，是中华民族最为可贵的精神气质之一，而这等襟怀品格谨慎到起心动念，发散到貌言视听思行住坐卧等处。"度量如海涵春育，应接如流水行云，操存如青天白日，威仪如丹凤祥麟，言论如敲金戛石，持身如玉洁冰清，襟抱如光风霁月，气概如乔岳泰山。"再没有如此理想的一个人了。

中华文化的集大成之美：《增广贤文》与《格言联璧》成书较晚，文字不多，却呈现出中华文化的大成之相。有人以为其直追"宋明理学"，有人以为其秉持佛家修心之要，有人以为其中不乏道家精髓，结果是千人千眼，各美其美。虽各美其美，而实拧成一处。既可以看到儒家的忠恕，道家的无为，又可以看到佛家的因缘果，乃至于宋儒的"存天理，灭人欲"。"己性不可任，当用逆法制之，其道在一'忍'字；人性不可拂，当用顺法调之，其道在一'恕'字。""困天下之智者，不在智而在愚；穷天下之辩者，不在辩而在讷；伏天下之勇者，不在勇而在怯。""以耐事了天下之多事，以无心息天下之争心。"儒道互补是其鲜明的特色，三家汇通则是其高明，极高明而道中庸，亦可谓是其落笔之妙。儒家的慎独精神与克念作圣，道家的适性逍遥与无为守拙，佛家的善用其心与善巧方便结合得如此紧密，而不失其灵活生动，可谓是穷尽各家之美，而自游刃有余。

因果教育：尤其难得的是这两本书中的因果思想，限于近百年来实证主义的捆绑，大部分人对因果观念都有重重误会，乃至于将因果观念抛掷九霄云外，做事说话为所欲为，没有底线，没有禁忌，不懂得畏因惧果，谁也不怕谁，近则身心不安人际混乱，远则道德沦丧社会问题越来越严重频繁。《增广贤文》与《格言联璧》则将之明确下来："现在之福，积自祖宗者，不可不惜；将来之福，贻于子孙者，不可不培。现在之福如点灯，随点则随竭；将来之福如添油，愈添则愈明。"细读有代代相传生生不息之意。

大多人只相信自己的肉身能够看到或者听到的因果，不愿意相信自己的经验之外的看不到或是听不到的因果，《增广贤文》与《格言联璧》则以最通俗的方式提醒读者观察与发现因果的真实不虚。"祖宗富贵，自诗书中来，子孙享富贵，则弃诗书矣；祖宗家业，自勤俭中来，子孙享家业，则忘勤俭矣。"三世因果，并非超出经验之外，却常被经验忽略与轻视。"要知前世因，今生受者是，吾谓昨日以前，尔父尔祖，皆前世也；要知后世因，今生作者是，吾谓今日以后，尔子尔孙，皆后世也。"乃至有些因果当下即可勘验，无须久等时光来验证。"婚而论财，究也夫妇之道丧；葬而求福，究也父子之恩绝。"对照当前社会，尤其有现实意义与教化之需。

弘一法师曾在《改过实验谈》中说："须先多读佛书儒书，详知善恶之区别及改过迁善之法。倘因佛儒诸书浩如烟海，无力遍读，而亦难于了解者，可以先读《格言联璧》一部。余自儿时，即读此书，归信佛法之后，亦常常翻阅，甚觉其亲切而有味也。"教儿婴孩，教妇初来，经典诵读不论从哪一本，读到《增广贤文》与《格言联璧》，一定能让人口齿留香，手不释卷。

增广贤文·格言联璧诵读本

诵读指导

《增广贤文》《格言联璧》诵读中的安身之本与立命之要

李洪岩

在中国古代蒙学读物中，有不少类似于今天专门启蒙某领域的书籍，比如《声律启蒙》《笠翁对韵》着重讲解语言音韵，语与文合；比如《幼学琼林》《龙文鞭影》重在结合文史，拓展视野；比如《蒙求》《四字鉴略》重在介绍历史百科，述史讲理，等等。这些读物从内容到形式都力求统一，风格一致。而另有一类启蒙读物则类似于今天的名言警句，精华荟萃，乍一看形式松散，文体多样，细细品读则又能逐渐梳理出其内在的脉络与立意，它们更像是修身齐家、劝诫警示的教育类书籍，本文所说的《增广贤文》《格言联璧》当属此类。其中不少名言警句早已成为民间口耳相传、家喻户晓的座右之铭了，比如"良药苦口利于病，忠言逆耳利于行""善有善报，恶有恶报""种麻得麻，种豆得豆""一年之计在于春""近水楼台先得月"，等等。这些劝诫警示之语，有的字斟句酌、文采飞扬；有的轻松随意、平白如话；有的令人心有同感，但表述更为精妙；有的振聋发聩、令人警醒。对中国古代民众而言，这些传诵于口耳之间的警句俗语点明了安身之本、立命之要：或提醒在生活上要勤俭持家，或劝勉在精神上要有高洁追求，或敦促加强个人修养，或提醒注重相处之道，其长处往往是一语中的，直击心灵。

诵读《增广贤文》与《格言联璧》，重在把握其"贤文""格言"在内容与形式方面相结合的特点，并采取与之相应的方法，力求言行一致，勤学笃行。

首先，在内容方面，了解其宗旨与思路应是把握这类集散句于一体的读物的关键。

《增广贤文》据推测最迟成书于明万历年间，而清代同治年间的儒生周希陶对其进行过重订。周希陶在序中所表达的意思比较明确地阐述了该读物的编写宗旨，"古圣贤千言万语，无非教人为善而耳"。的确，"为善"二字说起来容易，做起来则涉及小之持家，中之处事，大之治国，或宏或微，或巨或细，这都应遵照内心的准则与行为的规范。如果想践行之，则内要明事理，外要有方法，这正是该蒙学读物的长处。该书包括"在家出家言，复有仕宦治世言，隐逸出世言，士农工商，无一不备"，可以说是古代修身齐家经典警语的凝炼辑要。

《格言联璧》相较于《增广贤文》来说定位一致，而编排有异。该书据说是清朝山阴金姓学者（据传是金缨先生）所编述，书中同样集纳了警策劝诫之语，不同的是根据内容划分了学问类、存养类、持躬类、摄生类、敦品类、处事类、接物类、齐家类、从政类、惠吉类、悖凶类等类别。如果仔细甄别，其内容在不同类别中并非界限分明、严格划分，但从编选思路上看毕竟区分了不同领域，反映了古人方方面面的行事规范，这些内容涉及做人做事、在家在外、物质精神、从文从政等等，可以说是世人安身立命的人生指南。

当然，历史和时代的局限性在这类蒙学读物中还是有的，不过因为读物的大方向符合社会发展趋势，细节上提供了行为规范，对今人而言，品读并践行之，依然大有裨益。

其次，在形式上，把握其或文或白、或雅或俗、或长或短、或骈或散的文体，当谨记则谨记，当诵读则诵读，将其精髓融于日常行事中的点点滴滴，则会帮助人们完善其行为修养。

周希陶重订《增广贤文》时在序言中的一段话表明了该书体例的形成原因，"与流俗人言，文言之不解，又俗言以晓之；直言之不受，又婉言以通之；且善言之不入，又法言以儆之"。也就是说，该书为了避免人们不能深入理解内容而采取了生活中常用的俗语，为了避免人们不接受直截了当的说教而采取了委婉的说法，为了避免好言相劝没有效果而采取了措辞严厉的警示之语。这些不同风格的语句在诵读时一般采取不同的语气，或自然流畅近乎交谈，或小心提示近乎劝说，或庄重严肃近乎告诫。可见，诵读的依据不仅要关注内容，还要把握形式。

相同的原理，《格言联璧》虽然比较清晰地划分了类别，但在一类之内也往往是多种风格形式并存，诵读时也应运用多样的语气、节奏。

平白者，比如"日日行，不怕千万里；常常做，不怕千万事""过去事，丢得一节是一节；现在事，了得一节是一节；未来事，省得一节是一节"，这些话即便放在今天也是极为通俗易懂的，加之其内容实实在在，劝勉意味浓重，所谓诵读几乎就是平白如话地解说，运用的是谈话式的语体。

文言者，比如"居处必先精勤，乃能闲暇；凡事务求停妥，然后逍遥""何以息谤？曰无辩；何以止怨？曰不争""有真才者，必不矜才；有实学者，必不夸学"，等等，这些都是简练精当的文言文，用字讲究，对仗整齐，诵读时更重节奏的运用，以便形成回环往复的形式美感，易诵易记。

文白相间者，如"天地间真滋味，惟静者能尝得出；天地间真机括，惟静者能看得透"，这类语句文白参半，诵读时应运用自然晓畅的语气，同时要伴有张弛有度、松紧得宜的节奏，在变化中呈现出雅俗共赏的风格特点。

第三，在方法上，将理解与行动相统一，力求将"心到、言到、行为到"有机结合。

古代蒙学的特点往往都要求知行合一，理解是基础，表达是手段，身体力行是目的。如果读者能在诵读声中体会到其道理的深刻与精妙，则"文以载道"的功能才真正得以体现，语言的目的性才真正得以落实。从美学的角度看，审美是无功利的，但其功能发挥恰恰体现了"无目的而合目的"的规律。简言之，就是将诵读的美感享受与教育认知有机结合，无说教之形式，有引导之功能，自然而然，入耳入心，既发挥了启蒙的作用，也发挥了美育的功能，何乐而不为呢？

其实，《增广贤文》与《格言联璧》集成的先贤警语与民间俗语是中华智慧的结晶，我们从中可以看到中华民族的历史经验、民间智慧、民族性格、审美好尚，而这正是中国古代启蒙读物特点的集中体现，即对幼学的教育之言可以浅显，但道德标准却并未降低，而诵读以及通过诵读传承做人做事的准则，也从来都不只是针对孩子的事情。

（作者单位：中国传媒大学播音主持艺术学院）

增广贤文·格言联璧诵读本

zēng guǎng xián wén

增广贤文

xī shí xián wén　huì rǔ zhūn zhūn　jí yùn
昔时贤文，诲汝谆谆，集韵

zēng guǎng　duō jiàn duō wén　guān jīn yí jiàn
增广①，多见多闻。观今宜鉴

gǔ　wú gǔ bù chéng jīn
古②，无古不成今。

扫一扫 听音频

zhī jǐ zhī bǐ　jiāng xīn bǐ xīn　jiǔ féng zhī jǐ
知己知彼，将心比心③。酒逢知己

yǐn　shī xiàng huì rén yín　xiāng shí mǎn tiān xià　zhī xīn néng
饮，诗向会人吟。相识满天下，知心能

jǐ rén　xiāng féng hǎo sì chū xiāng shí　dào lǎo zhōng wú yuàn
几人。相逢好似初相识，到老终无怨

hèn xīn
恨心。

jìn shuǐ zhī yú xìng　jìn shān shí niǎo yīn　yì zhǎng yì
近水知鱼性，近山识鸟音。易涨易

tuì shān xī shuǐ　yì fǎn yì fù xiǎo rén xīn
退山溪水，易反易复小人心。

yùn qù jīn chéng tiě　shí lái tiě sì jīn
运去金成铁，时来铁似金④。

dú shū xū yòng yì　yí zì zhí qiān jīn
读书须用意⑤，一字值千金。

---

①昔时：过去，往日。诲：教诲，教导。汝：你。谆谆：恳切的样子。集韵：把押韵的文字汇集起来。增广：增加，扩大。　②观今宜鉴古：观察当今社会，应以古代为借鉴。　③知己知彼：指对双方情况都很了解。将心比心：站在别人的立场为别人考虑。　④运去金成铁，时来铁似金：意思是说运气走了金子也会变成废铁，运气来了废铁也会变成金子。　⑤用意：刻苦用心。

逢人且说三分话，未可全抛一片心。

有意栽花花不发①，无心插柳柳成荫。画

虎画皮难画骨，知人知面不知心②。

钱财如粪土，仁义值千金。

流水下滩非有意，白云出岫本无

心③。当时若不登高望，谁信东流海洋

深。路遥知马力④，事久知人心。

两人一般心，无钱堪买金⑤；一人一

般心，有钱难买针。

相见易得好，久住难为人⑥。

马行无力皆因瘦，人不风流只为贫。

---

①发：开花。　②画虎画皮难画骨，知人知面不知心：意思是画虎时容易画出其外在毛皮，但画不
出其内在的骨头；与人交往，易知其表面，难知其内心。　③岫：山洞。　④路遥知马力：路途遥远才能
够知道马的力气大小。　⑤一般：一样，一种。堪：能够。　⑥久住：长期相处，生活在一起。

饶人不是痴汉①，痴汉不会饶人。

是亲不是亲，非亲却是亲。美不美，

乡中水；亲不亲，故乡人。

莺花犹怕春光老，岂可教人枉度

春②。相逢不饮空归去，洞口桃花也笑

人。红粉佳人休使老，风流浪子莫教贫。

在家不会迎宾客，出外方知少主

人。黄金无假，阿魏无真③。客来主不

顾，应恐是痴人。贫居闹市无人问，富

在深山有远亲。

闹里有钱④，静处安身。来如风雨，

---

①饶：宽恕。痴汉：犹言蠢货、笨蛋。　②莺花：啼鸣的黄莺和盛开的鲜花，这里借指春天里美好的
景色。枉度：虚度，白白地度过。　③黄金：一作"黄芩（qín）"，当从。黄芩，多年生草本植物，可入药。
十分常见，不值得造假，所以说"无假"。阿魏：草本植物，可以入药。由于比较珍贵，很少见到真品，所
以说"无真"。　④闹里：繁华热闹的地方。

qù sì wēi chén
去似微尘。

cháng jiāng hòu làng tuī qián làng　shì shàng xīn rén gǎn jiù
长江后浪推前浪，世上新人赶旧

rén　　jìn shuǐ lóu tái xiān dé yuè　xiàng yáng huā mù zǎo féng
人。近水楼台先得月，向阳花木早逢

chūn　　mò dào jūn xíng zǎo　gèng yǒu zǎo xíng rén
春。莫道君行早，更有早行人。

mò xìn zhí zhōng zhí　xū fáng rén bù rén①　shān zhōng
莫信直中直，须防仁不仁①。山中

yǒu zhí shù　shì shàng wú zhí rén
有直树，世上无直人。

yì nián zhī jì zài yú chūn　yí rì zhī jì zài yú yín②
一年之计在于春，一日之计在于寅②；

yì jiā zhī jì zài yú hé　yì shēng zhī jì zài yú qín
一家之计在于和，一生之计在于勤。

zé rén zhī xīn zé jǐ　shù jǐ zhī xīn shù rén　shǒu
责人之心责己，恕己之心恕人。守

kǒu rú píng　fáng yì rú chéng③　nìng kě rén fù wǒ　qiè mò
口如瓶，防意如城③。宁可人负我，切莫

wǒ fù rén　zài sān xū shèn yì　dì yī mò qī xīn
我负人。再三须慎意，第一莫欺心。

hǔ shēng yóu kě jìn　rén shú bù kān qīn　lái shuō shì
虎生犹可近，人熟不堪亲。来说是

---

①直中直：表面上正直的人。仁不仁：表面上仁慈的人。　②计：计划，打算。寅：凌晨三点到五点。
③防意：坚守意志，不产生邪念。

fēi zhě biàn shì shì fēi rén
非者，便是是非人①。

yuǎn shuǐ nán jiù jìn huǒ yuǎn qīn bù rú jìn lín
远水难救近火，远亲不如近邻。

yǒu chá yǒu jiǔ duō xiōng dì jí nàn hé céng jiàn yì rén
有茶有酒多兄弟，急难何曾见一人。

rén qíng sì zhǐ zhāng zhāng báo shì shì rú qí jú jú xīn shān
人情似纸张张薄，世事如棋局局新。山

zhōng yě yǒu qiān nián shù shì shàng nán féng bǎi suì rén
中也有千年树，世上难逢百岁人。

píng shēng mò zuò zhòu méi shì shì shàng yīng wú qiè
平生莫作皱眉事，世上应无切

chǐ rén
齿人②。

shì zhě guó zhī bǎo rú wéi xí shàng zhēn
士者国之宝，儒为席上珍③。

ruò yào duàn jiǔ fǎ xǐng yǎn kàn zuì rén
若要断酒法④，醒眼看醉人。

qiú rén xū qiú dà zhàng fū jì rén xū jì jí shí wú
求人须求大丈夫，济人须济急时无⑤。

kě shí yì dī rú gān lù zuì hòu tiān bēi bù rú wú
渴时一滴如甘露，醉后添杯不如无。

增广贤文·格言联璧诵读本

---

①来说是非者，便是是非人：前来议论别人是非对错的，本身就是是非人。　②皱眉：表示不高兴。
切齿：表示极端痛恨。　③士、儒：在这里都是指知识分子。席：筵席。珍：珍馐美味。　④断酒：戒酒。
⑤济：帮助。

jiǔ zhù lìng rén xián　pín lái qīn yě shū
久住令人嫌，频来亲也疏①。

jiǔ zhōng bù yǔ zhēn jūn zǐ　cái shàng fēn míng dà zhàng fū
酒中不语真君子②，财上分明大丈夫。

jī jīn qiān liǎng　bù rú míng jiě jīng shū　yǎng zǐ bú
积金千两，不如明解经书③。养子不

jiào rú yǎng lǘ　yǎng nǚ bú jiào rú yǎng zhū　yǒu tián bù gēng
教如养驴，养女不教如养猪。有田不耕

cāng lǐn xū　yǒu shū bù dú zǐ sūn yú　cāng lǐn xū xī
仓廪虚④，有书不读子孙愚。仓廪虚兮

suì yuè fá　zǐ sūn yú xī lǐ yí shū　tóng jūn yì xí
岁月乏，子孙愚兮礼仪疏⑤。同君一席

huà　shèng dú shí nián shū　rén bù tōng jīn gǔ　mǎ niú rú
话，胜读十年书。人不通今古，马牛如

jīn jū
襟裾⑥。

máng máng sì hǎi rén wú shù　nǎ gè nán ér shì zhàng
茫茫四海人无数，哪个男儿是丈

fū　bái jiǔ niàng chéng yuán hào kè　huáng jīn sàn jìn wèi shōu
夫。白酒酿成缘好客，黄金散尽为收

shū　jiù rén yí mìng　shèng zào qī jí fú tú　chéng mén
书⑦。救人一命，胜造七级浮屠⑧。城门

----

①频来：频繁来往。疏：生疏，疏远。　②不语：不胡言乱语。　③明解：熟悉，明了。经书：指"四书""五经"等儒家经典。　④仓廪：粮仓。　⑤礼仪疏：不懂礼仪，没有教养。　⑥人不通今古，马牛如襟裾：人不能知晓古今，就像马牛穿上人的衣服一样。襟裾，衣服的前襟和后襟，泛指衣服。　⑦缘：因为。收书：购买书籍。　⑧浮屠：佛塔。

shī huǒ　yāng jí chí yú
失火，殃及池鱼①。

tíng qián shēng ruì cǎo　hǎo shì bù rú wú　　yù qiú
庭前生瑞草，好事不如无②。欲求

shēng fù guì　xū xià sǐ gōng fū　bǎi nián chéng zhī bù zú
生富贵，须下死工夫。百年成之不足，

yí dàn bài zhī yǒu yú
一旦败之有余③。

rén xīn sì tiě　guān fǎ rú lú　shàn huà bù zú
人心似铁，官法如炉④。善化不足，

è huà yǒu yú
恶化有余。

shuǐ zhì qīng zé wú yú，rén zhì chá zé wú tú　　zhì
水至清则无鱼，人至察则无徒⑤。知

zhě jiǎn bàn，xǐng zhě quán wú
者减半，省者全无⑥。

shì fēi zhōng rì yǒu，bù tīng zì rán wú　nìng kě zhèng
是非终日有，不听自然无。宁可正

ér bù zú，bù kě xié ér yǒu yú　nìng kě xìn qí yǒu，bù
而不足，不可邪而有余。宁可信其有，不

kě xìn qí wú
可信其无。

增广贤文

增广贤文·格言联璧诵读本

---

①殃及：连累。池：指护城河。　②庭前生瑞草，好事不如无：庭前生出了祥瑞之草，这样的好事还不如没有。　③一旦：一日。　④官法：国家的法律、法规。炉：冶炼钢铁用的熔炉，这里用来比喻国家法律对人的教化和惩处。　⑤至清：过于清澈。至察：过于苛求。徒：朋友。　⑥知：即"智"。省：清醒。

竹篱茅舍风光好，道院僧房终不如①。命里有时终须有，命里无时莫强求。道院迎仙客，书堂隐相儒②。庭栽栖凤竹，池养化龙鱼③。

结交须胜己④，似我不如无。但看三五日⑤，相见不如初。

人情似水分高下，世事如云任卷舒⑥。

会说说都是，不会说无礼⑦。

磨刀恨不利，刀利伤人指⑧；求财恨不得，财多害自己。知足常足，终身不辱；知止常止，终身不耻。有福伤财，

wú fú shāng jǐ

无福伤己。

chā zhī háo lí　shī zhī qiān lǐ　　　ruò dēng gāo bì

差之毫厘，失之千里①。若登高必

zì bēi　ruò shè yuǎn bì zì ěr　　sān sī ér xíng　zài sī

自卑，若涉远必自迩②。三思而行，再思

kě yǐ　　shǐ kǒu bù rú zì zǒu　　qiú rén bù rú qiú jǐ

可矣③。使口不如自走④，求人不如求己。

xiǎo shí shì xiōng dì　zhǎng dà gè xiāng lǐ　dù cái mò

小时是兄弟，长大各乡里。妒财莫

dù shí　yuàn shēng mò yuàn sǐ

妒食，怨生莫怨死⑤。

rén jiàn bái tóu chēn⑥　wǒ jiàn bái tóu xǐ　duō shǎo shào

人见白头嗔⑥，我见白头喜。多少少

nián wáng　bú dào bái tóu sǐ

年亡，不到白头死。

qiáng yǒu fèng　bì yǒu ěr⑦　hǎo shì bù chū mén　è

墙有缝，壁有耳⑦。好事不出门，恶

shì chuán qiān lǐ

事传千里。

zéi shì xiǎo rén　zhì guò jūn zǐ⑧　jūn zǐ gù qióng

贼是小人，知过君子⑧。君子固穷，

增广贤文·格言联璧诵读本

①差之毫厘，失之千里：细小的差错，可造成很大的错误。　②登高必自卑：登上高处必须从低处开始。涉远必自迩：走向远方必须从近处开始。　③再：两次。　④使口不如自走：用嘴指使别人不如亲力亲为。　⑤怨生莫怨死：怨恨生者不怨恨死者。这是教人要大度，若连死者都还怨恨，未免显得自己小肚鸡肠。　⑥嗔：发怒，生气。　⑦壁有耳：指墙壁后面有人在偷听。　⑧知：即"智"，智慧。

11

小人穷斯滥也①。贫穷自在，富贵多忧。

不以我为德，反以我为仇。宁向直中取，不可曲中求②。

人无远虑，必有近忧。知我者谓我心忧，不知我者谓我何求③。晴天不肯去，直待雨淋头。

成事莫说，覆水难收④。是非只为多开口，烦恼皆因强出头。忍得一时之气，免得百日之忧⑤。近来学得乌龟法，得缩头时且缩头。惧法朝朝乐，欺公日日忧⑥。

人生一世，草生一春⑦。黑发不知

---

①君子固穷，小人穷斯滥也：君子安守贫穷，小人穷困便会胡作非为。固，坚守，安守。滥，泛滥，这里指胡作非为。　②直：正直。曲：委曲求全。　③知我者谓我心忧，不知我者谓我何求：了解我的人，认为我内心忧愁；不了解我的人，还认为我别有所求。　④成事：已成之事。覆水：倒在地下的水。⑤忧：祸患。　⑥惧法：敬畏律法。欺公：欺骗公众。　⑦草生一春：指草木春天发芽，秋天枯萎。比喻生命短暂。

勤学早，看看又是白头翁。月过十五

光明少，人到中年万事休①。

儿孙自有儿孙福，莫为儿孙作马牛。

人生不满百，常怀千岁忧。

今朝有酒今朝醉，明日愁来明日

忧。路逢险处难回避，事到头来不自由。

药能医假病，酒不解真愁。

人平不语②，水平不流。一家养女百

家求，一马不行百马忧。有花方酌酒，无

月不登楼。三杯通大道③，一醉解千愁。

深山毕竟藏猛虎，大海终须纳细流。

増广贤文

増广贤文·格言联璧诵读本

---

①休：休止，结束。　②人平不语：人感到公平就不会说话来表达意见了。　③三杯通大道：三杯
酒喝下去就知晓人生的大道理了，这是夸张的说法。

13

受恩深处宜先退，得意浓时便可休①。莫待是非来入耳，从前恩爱反为仇。留得五湖明月在，不愁无处下金钩②。休别有鱼处，莫恋浅滩头。去时终须去，再三留不住。

忍一句，息一怒，饶一着，退一步。

三十不豪，四十不富，五十将来寻死路。

生不论魂，死不认尸。父母恩深终有别，夫妻义重也分离。人生似鸟同林宿，大限来时各自飞③。

人善被人欺，马善被人骑。人无横

---

①得意：得志之时。　②五湖：归隐的代称。金钩：金属钓钩。　③大限：死期。

财不富①，马无夜草不肥。人恶人怕天不怕，人善人欺天不欺。善恶到头终有报，只争来早与来迟②。黄河尚有澄清日，岂可人无得运时。

得宠思辱，居安思危。念念有如临敌日，心心常似过桥时③。

英雄行险道，富贵似花枝。人情莫道春光好，只怕秋来有冷时。

送君千里，终须一别。

但将冷眼看螃蟹，看你横行到几时。

见事莫说，问事不知，闲事休管，无事早归。

①横财：意外的财物。　②报：报应。争：欠，差。　③念念、心心：心里时时刻刻想着、念着。

增广贤文·格言联璧诵读本

假缎染就真红色①，也被旁人说是非。善事可作，恶事莫为。许人一物，千金不移②。龙生龙子，虎生虎儿。龙游浅水遭虾戏，虎落平阳被犬欺③。

一举首登龙虎榜，十年身到凤凰池④。十年窗下无人问，一举成名天下知。

酒债寻常行处有，人生七十古来稀。

养儿待老，积谷防饥。鸡豚狗彘之畜，无失其时⑤。数口之家，可以无饥矣。

常将有日思无日，莫把无时当有时。

---

①缎：一种厚而光滑的丝织品。**染就**：染成。　②**许**：许诺，答应。**移**：改变。　③**平阳**：地势平坦的地方。　④**龙虎榜**：进士及第为登龙虎榜。**凤凰池**：中书省的代称，这里指显要的官职。　⑤**畜**：畜养。**时**：时机。

时来风送滕王阁，运去雷轰荐福碑①。

入门休问荣枯事，观看容颜便得知。

官清书吏瘦，神灵庙祝肥②。

息却雷霆之怒，罢却虎狼之威③。饶人算人之本，输人算人之机④。好言难得，恶语易施⑤。一言既出，驷马难追⑥。

道吾好者是吾贼，道吾恶者是吾师。

路逢侠客须呈剑，不是才人莫献诗。三人同行，必有我师焉，择其善者而从之，

增广贤文·格言联璧诵读本

①**时来风送滕王阁，运去雷轰荐福碑**：时运来了，风会送你到滕王阁；时运不好，雷也会把荐福碑轰倒。荐福碑，相传宋代有位穷书生想去荐福寺拓荐福碑的碑文去卖，谁知当晚碑为雷所毁。　②**书吏**：办理文书的人员。**庙祝**：寺庙中管理香火的人。　③**息却**：平息，除去。**雷霆之怒**：霹雳般的盛怒，形容愤怒到了极点。**罢却**：停止，收起。**虎狼之威**：像虎狼那样的威风，形容声势威严。　④**饶人**：宽恕别人。**算**：算是，算作。**人之本**：做人的根本。**输人**：输给别人，不争强好胜。**机**：关键。　⑤**施**：施加于人。　⑥**驷马**：驾驶同一辆车的四匹马。

其不善者而改之。

少壮不努力,老大徒悲伤。

人有善愿,天必佑之。

莫饮卯时酒,昏昏醉到酉①;莫骂酉时妻,一夜受孤凄②。

种麻得麻,种豆得豆。天网恢恢,疏而不漏。见官莫向前,做客莫在后。

宁添一斗,莫添一口。螳螂捕蝉,岂知黄雀在后。不求金玉重重贵,但愿儿孙个个贤。

一日夫妻,百世姻缘。百世修来同船渡,千世修来共枕眠。

①卯时:上午五点到七点。酉:酉时,下午五点到七点。　②孤凄:孤单凄凉。

杀人一万，自损三千；伤人一语，利如刀割。

枯木逢春犹再发，人无两度再少年①。未晚先投宿②，鸡鸣早看天。

将相胸前堪走马，公侯肚里好撑船。

富人思来年，穷人思眼前。世上若要人情好，赊去物件莫取钱。死生有命，富贵在天③。

击石原有火④，不击乃无烟。为学始知道，不学亦徒然⑤。莫笑他人老，终

增广贤文·格言联璧诵读本

①**犹**:还能。**两度**:两次。 ②**投宿**:找地临时住宿。 ③**死生有命,富贵在天**:人的生死都是命中注定,能富贵与否全在上天。 ④**石**:打火石,古人击之以取火。 ⑤**知道**:知晓道理。**徒然**:仅仅如此。

xū hái dào lǎo　　dàn néng yī běn fèn　zhōng xū wú fán nǎo
须还到老。但能依本分，终须无烦恼。

jūn zǐ ài cái　qǔ zhī yǒu dào①；zhēn fù ài sè②
君子爱财，取之有道①；贞妇爱色②，

nà zhī yǐ lǐ
纳之以礼。

shàn yǒu shàn bào　è yǒu è bào　bú shì bú bào　rì
善有善报，恶有恶报。不是不报，日

zi wèi dào
子未到。

rén ér wú xìn　bù zhī qí kě yě
人而无信，不知其可也。

yì rén dào hǎo　qiān rén chuán shí　fán shì yào hǎo
一人道好，千人传实。凡事要好，

xū wèn sān lǎo③　ruò zhēng xiǎo kě④　biàn shī dà dào
须问三老③。若争小可④，便失大道。

nián nián fáng jī　yè yè fáng dào
年年防饥，夜夜防盗。

xué zhě rú hé rú dào　bù xué zhě rú hāo rú cǎo⑤
学者如禾如稻，不学者如蒿如草⑤。

yù yǐn jiǔ shí xū yǐn jiǔ　dé gāo gē chù qiě gāo gē
遇饮酒时须饮酒，得高歌处且高歌。

yīn fēng chuī huǒ⑥　yòng lì bù duō　bù yīn yú fù
因风吹火⑥，用力不多。不因渔父

增广贤文·格言联璧诵读本

---

①道：这里指正当的手段。　②色：美貌。　③三老：古代掌教化之官。　④小可：细微之事。　⑤蒿：
蒿草。　⑥因：凭借。

引，怎得见波涛。

无求到处人情好，不饮从他酒价高①。

知事少时烦恼少，识人多处是非多。入

山不怕伤人虎，只怕人情两面刀。强

中更有强中手，恶人须用恶人磨。会

使不在家豪富②，风流不用着衣多。

光阴似箭，日月如梭③。天时不如地

利，地利不如人和。黄金未为贵，安乐值

钱多。

世上万般皆下品④，思量唯有读

书高⑤。世间好语书说尽，天下名山

僧占多。

①从他：任他，随便他。　②会使：会打算、计划。　③梭：织布机上来回穿线的梭子，运行速度很快。
④下品：泛指事物的最低等级。　⑤思量：仔细想，考虑。

增广贤文·格言联璧诵读本

为善最乐，为恶难逃。羊有跪乳之

恩①，鸦有反哺之义②。

你急他未急，人闲心不闲。隐恶扬

善，执其两端③。

妻贤夫祸少，子孝父心宽。

既坠釜甑④，反顾无益⑤。翻覆之水，

收之实难。

人生知足何时足，人老偷闲且是闲。

但有绿杨堪系马，处处有路透长安⑥。

见者易，学者难⑦。莫将容易得，便

作等闲看⑧。用心计较般般错⑨，退步思

增广贤文·格言联璧诵读本

---

①跪乳：羊羔吃奶的时候，前腿跪跪在地上。　②反哺：乌鸦长大后，会反过来给父母喂食。　③隐恶扬善，执其两端：隐藏别人的坏处，宣扬别人的好处，避免过与不及的状态，采取中庸之道。　④既坠釜甑：釜甑已经掉到地上。既，已经。釜甑，古代用来做饭的炊具。　⑤反顾：回头看。　⑥透：当作"通"。
⑦见：看上去。　⑧等闲：轻易，随便。　⑨般般：件件，每一件。

liáng shì shì nán
量事事难。

dào lù gè bié　yǎng jiā yì bān
道路各别，养家一般①。

cóng jiǎn rù shē yì　cóng shē rù jiǎn nán
从俭入奢易，从奢入俭难。

zhī yīn shuō yǔ zhī yīn tīng　bú shì zhī yīn mò yǔ tán
知音说与知音听，不是知音莫与弹。

diǎn shí huà wéi jīn　rén xīn yóu wèi zú　xìn le
点石化为金②，人心犹未足。信了

dù　mài le wū
肚③，卖了屋。

tā rén guān huā　bú shè nǐ mù　tā rén lù lù　bú
他人观花，不涉你目；他人碌碌④，不

shè nǐ zú
涉你足⑤。

shuí rén bú ài zǐ sūn xián　shuí rén bú ài qiān zhōng sù
谁人不爱子孙贤，谁人不爱千钟粟。

mò bǎ zhēn xīn kōng jì jiào　wǔ xíng bú shì zhè tí mù
莫把真心空计较，五行不是这题目⑥。

yǔ rén bù hé　quàn rén yǎng é　yǔ rén bú mù　quàn
与人不和，劝人养鹅；与人不睦，劝

rén jià wū　dàn xíng hǎo shì　mò wèn qián chéng
人架屋。但行好事，莫问前程。

---

①一般：一样，同样。　②点石：相传神仙有用手指点石成金的法术。　③信了肚：顺从饮食之欲。
④碌碌：平庸的样子。　⑤涉：干涉。　⑥五行：指金、木、水、火、土。

增广贤文

增广贤文·格言联璧诵读本

河狭水急，人急计生。明知山有虎，莫向虎山行。路不行不到，事不为不成，人不劝不善①，钟不打不鸣。

无钱方断酒，临老始看经②。点塔七层③，不如暗处一灯。

万事劝人休瞒昧④，举头三尺有神明。但存方寸土，留与子孙耕⑤。灭却心头火，剔起佛前灯⑥。

惺惺常不足⑦，懵懵作公卿⑧。众星朗朗，不如孤月独明。

兄弟相害，不如自生。合理可作，

①劝：劝诫。　②临老始看经：到了老年才开始读诵佛经。经，指佛经。　③点塔：佛教徒为了表示虔诚，在佛塔上点灯供奉。　④瞒昧：隐瞒，欺骗。　⑤但存方寸土，留与子孙耕：留点方寸大的土地，让子孙耕种。意思是要积善行德，为子孙后代留下一片善心。　⑥剔起佛前灯：将佛像前的灯中已经烧完的灯芯剔除，使灯明亮起来。　⑦惺惺：聪明，清醒。　⑧懵懵：愚昧，糊涂。

xiǎo lì mò zhēng
小利莫争。

mǔ dān huā hǎo kōng rù mù　zǎo huā suī xiǎo jiē shí chéng
牡丹花好空入目，枣花虽小结实成。

qī lǎo mò qī xiǎo　qī rén xīn bù míng
欺老莫欺小，欺人心不明①。

suí fèn gēng chú shōu dì lì　tā shí bǎo mǎn xiè cāng tiān
随分耕锄收地利②，他时饱满谢苍天。

dé rěn qiě rěn　dé nài qiě nài　bù rěn bú nài　xiǎo
得忍且忍，得耐且耐。不忍不耐，小

shì chéng dà
事成大。

xiāng lùn chěng yīng xióng　jiā jì jiàn jiàn tuì　xián fù
相论逞英雄③，家计渐渐退。贤妇

lìng fū guì　è fù lìng fū bài　yì rén yǒu qìng　zhào mín
令夫贵，恶妇令夫败。一人有庆，兆民

xián lài
咸赖④。

rén lǎo xīn wèi lǎo　rén qióng zhì mò qióng
人老心未老，人穷志莫穷。

rén wú qiān rì hǎo　huā wú bǎi rì hóng
人无千日好，花无百日红。

---

①**不明**：不明事理。　②**随分**：依着本分。**耕锄**：耕田除草，泛指农作。**地利**：指有利作物生长的土地条件。　③**相论**：互相攀比，争斗。　④**一人有庆，兆民咸赖**：意思是天子善良，民众就可以获得长久的安宁。

杀人可恕，情理难容。

乍富不知新受用①，乍贫难改旧家风。座上客常满，樽中酒不空。屋漏更遭连年雨，行船又遇打头风②。笋因落箨方成竹③，鱼为奔波始化龙④。

记得少年骑竹马，看看又是白头翁。

礼义生于富足，盗贼出于贫穷。

天上众星皆拱北⑤，世间无水不朝东。

君子安平⑥，达人知命⑦。

忠言逆耳利于行，良药苦口利于病。顺天者存，逆天者亡。人为财死，鸟

---

①乍：刚刚。 ②打头风：逆风。 ③箨：笋壳。 ④奔波：奔腾于波浪。 ⑤拱北：古人认为天上的星星都围绕着北极星旋转，故称。 ⑥安平：安于平淡。 ⑦知命：知晓天命。

wèi shí wáng
为食亡。

fū qī xiāng hé hǎo   qín sè yǔ shēng huáng   yǒu ér
夫妻相合好，琴瑟与笙簧①。有儿

pín bù jiǔ   wú zǐ fù bù cháng
贫不久，无子富不长。

shàn bì shòu lǎo   è bì zǎo wáng   shuǎng kǒu shí duō
善必寿老②，恶必早亡。爽口食多

piān zuò bìng   kuài xīn shì guò kǒng shēng yāng
偏作病③，快心事过恐生殃④。

fù guì dìng yào ān běn fèn   pín qióng bú bì wǎng sī
富贵定要安本分，贫穷不必枉思

liáng   huà shuǐ wú fēng kōng zuò làng   xiù huā suī hǎo bù wén
量。画水无风空作浪，绣花虽好不闻

xiāng   tān tā yì dǒu mǐ   shī què bàn nián liáng   zhēng tā yì
香。贪他一斗米，失却半年粮；争他一

jiǎo tún   fǎn shī yì zhǒu yáng
脚豚⑤，反失一肘羊⑥。

lóng guī wǎn dòng yún yóu shī   shè guò chūn shān cǎo
龙归晚洞云犹湿，麝过春山草

mù xiāng
木香⑦。

---

①**琴瑟、笙簧**：皆为乐器名。琴、瑟、笙、簧同时弹奏，声音和谐，这里比喻夫妻和美。　②**寿老**：长寿。　③**爽口食**：美味可口的食物。　④**快心事**：称心如意之事。**殃**：灾祸。　⑤**一脚豚**：小猪的一只脚。⑥**一肘羊**：羊的一个肘子。　⑦**麝**：鹿的一种，分泌出的麝香为名贵香料。

增广贤文·格言联璧诵读本

平生只会量人短，何不回头把自量。见善如不及，见恶如探汤①。

人贫志短，马瘦毛长。自家心里急，他人未知忙。贫无达士将金赠，病有高人说药方。

触来莫与说②，事过心清凉。秋至满山多秀色，春来无处不花香。

凡人不可貌相，海水不可斗量。清清之水，为土所防；济济之士③，为酒所伤。蒿草之下，或有兰香；茅茨之屋，或有侯王。无限朱门生饿殍④，几多白屋出

---

①见善如不及，见恶如探汤：看见善的生怕自己赶不上，看见恶的如同把手伸进开水中，生怕避不开。　②触：抵触，触犯。　③济济：众多的样子。　④朱门：红色的门，借指豪家贵族。饿殍：饿死之人。

公卿^①。

醉后乾坤大，壶中日月长^②。万事皆已定，浮生空白忙。

千里送毫毛，礼轻仁义重。

世事明如镜，前程暗似漆。光阴黄金难买，一世如驹过隙^③。

良田万顷，日食一升；大厦千间，夜眠八尺。千经万典，孝义为先。

一字入公门^④，九牛拖不出。衙门八字开，有理无钱莫进来。

富从升合起^⑤，贫因不算来^⑥。家中

增广贤文·格言联璧诵读本

---

①白屋：用茅草覆盖的房屋，指贫苦百姓的住所。　②醉后乾坤大，壶中日月长：这两句是说畅饮美酒，其乐无穷。　③如驹过隙：好比骏马在缝隙前走过，比喻时间过得很快。　④一字：只有一个字的状纸。公门：衙门，指打官司。　⑤升、合：计量单位，这里指数量很小。　⑥不算：不会打算、计划。

无才子，官从何处来。

万事不由人计较，一生都是命安排。急行慢行，前程只有多少路。

人间私语，天闻若雷；暗室亏心①，神目如电②。一毫之恶，劝人莫作；一毫之善，与人方便。欺人是祸，饶人是福。

天网恢恢，报应甚速。圣贤言语，神钦鬼伏。

人各有心，心各有见。口说不如身逢，耳闻不如目见。

养军千日，用在一朝。

国清才子贵，家富小儿骄。

---

①暗室：幽暗的屋室，泛指他人不能看见之处。　②神目如电：神灵的眼睛如同闪电一样明亮，指没有什么能瞒得过。

利刀割体痕易合，恶语伤人恨不消。

公道世间唯白发，贵人头上不曾饶。

有钱堪出众，无衣懒出门。为官须作相，及第必争先①。

闲时不烧香，急时抱佛脚。幸生太平无事日，恐逢年老不多时。国乱思良将，家贫思贤妻。池塘积水须防旱，田地勤耕足养家。根深不怕风摇动，树正无愁月影斜。

奉劝君子，各宜守己。只此程式②，万无一失。

---

①及第：科举考试考中。　②程式：指《增广贤文》提出的各种准则。

增广贤文

增广贤文·格言联璧诵读本

gé yán lián bì

格言联璧

jīn yīng

金缨

增广贤文·格言联璧诵读本

xué wèn lèi
学问类

扫一扫 听音频

gǔ jīn lái xǔ duō shì jiā　　wú fēi jī dé　tiān dì
古今来许多世家①，无非积德；天地

jiān dì yī rén pǐn　hái shì dú shū
间第一人品，还是读书。

dú shū jí wèi chéng míng　jiū jìng rén gāo pǐn yǎ　xiū
读书即未成名，究竟人高品雅；修

dé bù qī huò bào　　zì rán mèng wěn xīn ān
德不期获报②，自然梦稳心安③。

wéi shàn zuì lè　dú shū biàn jiā
为善最乐，读书便佳。

zhū jūn dào cǐ hé wéi　qǐ tú xué wèn wén zhāng　shàn
诸君到此何为，岂徒学问文章，擅

yí yì wēi cháng　biàn suàn dú shū zhǒng zi　zài wǒ suǒ qiú yì
一艺微长，便算读书种子；在我所求亦

shù　bú guò zǐ chén dì yǒu　jìn wǔ lún běn fèn　gòng chéng
恕，不过子臣弟友，尽五伦本分④，共成

míng jiào zhōng rén
名教中人。

---

①世家：世禄之家，泛指世代显贵的家族。　②不期：不希望。　③梦稳：睡觉安稳。　④五伦：传统社会中的人伦纲纪，即父子有亲、君臣有义、夫妇有别、长幼有序、朋友有信。

聪明用于正路，愈聪明愈好，而文学功名益成其美；聪明用于邪路，愈聪明愈谬①，而文学功名适济其奸②。

战虽有阵，而勇为本；丧虽有礼，而哀为本；士虽有学，而行为本③。

飘风不可以调宫商④，巧妇不可以主中馈⑤，文章之士不可以治国家。

经济出自学问⑥，经济方有本源；心性见之事功⑦，心性方为圆满。舍事功更无学问，求性道不外文章。

何谓至行⑧，曰庸行⑨；何谓大人⑩，曰

---

①谬：差错。　②适：恰好。济：助长。　③行：这里指德行。　④飘风：旋风。宫商：泛指音乐、乐曲。　⑤巧妇：这里指偷巧的妇女。中馈：指家中膳食等事，代指妇女本职。　⑥经济：指治国的才能。　⑦事功：事业、功绩。　⑧至行：最好的品行。　⑨庸行：日常的行为。　⑩大人：德行高尚之人。

小心。何以上达①，曰下学；何以远到，曰近思。

竭忠尽孝，谓之人；治国经邦，谓之学；安危定变②，谓之才；经天纬地③，谓之文；霁月光风④，谓之度；万物一体，谓之仁。

以心术为本根，以伦理为桢干⑤，以学问为菑畲⑥，以文章为花萼，以事业为结实，以书史为园林；以歌咏为鼓吹⑦，以义理为膏粱⑧，以著述为文绣⑨，以诵读为耕耘，以记问为居积⑩；以前言往

①上达：上进，向上发展。　②安危定变：化险为夷，转危为安。　③经天纬地：以天为经，以地为纬。比喻人的才智极大。　④霁月光风：比喻心胸光明坦荡。　⑤伦理：事物的条理。桢干：这里指主干。　⑥菑畲：田地。　⑦鼓吹：代指音乐。　⑧膏粱：指美味佳肴。　⑨文绣：华美的服饰。　⑩居积：积累。

增广贤文·格言联璧诵读本

行为师友①，以忠信笃敬为修持，以作
善降祥为受用，以乐天知命为依归②。

凛闲居以体独③，卜动念以知几④，谨
威仪以定命⑤，敦大伦以凝道⑥，备百行以
考德⑦，迁善改过以作圣。

收吾本心在腔子里⑧，是圣贤第一
等学问；尽吾本分在素位中⑨，是圣贤
第一等工夫。

万理澄澈，则一心愈精而愈谨；一
心凝聚，则万理愈通而愈流。

宇宙内事，乃己分内事；己分内事，

---

①前言往行：前代圣贤的言行。　②乐天知命：安于现状，安守本分。依归：目的，宗旨。　③凛：
严肃。体独：即慎独，独处时也能谨慎不苟。　④卜：预料。几：事物发展的苗头。　⑤定命：掌握命运。
⑥凝道：聚集道德。　⑦百行：指各种品行。考德：成就德行。　⑧本心：良心。腔子：躯体。　⑨素位：
现在所在的位子。

乃宇宙内事。

身在天地后，心在天地前；身在万物中，心在万物上。

观天地生物气象，学圣贤克己工夫①。

下手处是自强不息，成就处是至诚无息②。

以圣贤之道教人易，以圣贤之道治己难；以圣贤之道出口易，以圣贤之道躬行难③；以圣贤之道奋始易，以圣贤之道克终难。

圣贤学问是一套，行王道必本天德④；

①克己：克制自己。　②至诚：指道德修养的最高境界。　③躬行：身体力行。　④王道：指仁政。

后世学问是两截，不修己只管治人。

口中伊周①，心中盗跖②，责人而不责己，名为挂榜圣贤③；独凛明旦④，幽畏鬼神，知人而复知天，方是有根学问。

无根本底气节⑤，如酒汉殴人，醉时勇，醒来退消，无分毫气力；无学问底识见，如庖人炀灶⑥，面前明，背后左右，无一些照顾。

理以心得为精，故当沉潜⑦，不然，耳边口头也；事以典故为据，故当博洽⑧，不然，臆说杜撰也⑨。

増广贤文·格言联璧诵读本

①伊周：伊尹、周公，商周时贤人。　②盗跖：春秋时盗贼。　③挂榜：口头标榜。　④独凛：即慎独义。　⑤底：助词，相当于"的"。　⑥炀灶：在灶前烤火。　⑦沉潜：有内涵而不外露。　⑧博洽：知识广博。　⑨臆说：毫无根据地乱说。杜撰：编造，虚构。

只有一毫粗疏处①，便认理不真，所以说惟精，不然，众论淆之而必疑②；只有一毫二三心，便守理不定，所以说惟一，不然，利害临之而必变。

接人要和中有介③，处事要精中有果，认理要正中有通。

在古人之后，议古人之失则易；处古人之位，为古人之事则难。

古之学者，得一善言，附于其身④；今之学者，得一善言，务以悦人⑤。

古之君子，病其无能也⑥，学之；今之君子，耻其无能也，讳之。

①粗疏：疏略，不精细。　②淆：混淆。　③介：耿直。　④附于其身：根据自身实际去身体力行。
⑤务：追求。　⑥病：担心，担忧。

眼界要阔，遍历名山大川；度量要宏，熟读五经诸史。

先读经，后读史，则论事不谬于圣贤①；既读史，复读经，则观书不徒为章句②。

读经传则根底厚，看史鉴则议论伟；观云物则眼界宽③，去嗜欲则胸怀净④。

一庭之内，自有至乐；六经以外⑤，别无奇书。

读未见书，如得良友；见已读书，如逢故人。

---

①谬：错误。 ②章句：剖章析句，解说经义的一种方式。 ③云物：指景物，景色。 ④嗜欲：欲望。
⑤六经：《诗》《书》《礼》《易》《乐》《春秋》六部儒家经典的合称。

何思何虑^①，居心当如止水^②；勿助勿忘^③，为学当如流水。

心不欲杂，杂则神荡而不收；心不欲劳，劳则神疲而不入。

心慎杂欲，则有余灵；目慎杂观，则有余明。

案上不可多书，心中不可少书。

鱼离水则鳞枯，心离书则神索^④。

志之所趋，无远勿届^⑤，穷山距海不能限也^⑥；志之所向，无坚不入，锐兵精甲不能御也。

把意念沉潜得下，何理不可得？把

---

①何思何虑：无思无虑。　②居心：存心，安心。　③勿助勿忘：不要急于求成，也不要完全忘记。
④神索：心力衰退，思维枯竭。　⑤届：到。　⑥穷山距海：深山大海。距，即"巨"。

zhì qì fèn fā de qǐ　hé shì bù kě zuò
志气奋发得起，何事不可做？

bù xū xīn　biàn rú yǐ shuǐ wò shí　　yì háo bù dé
不虚心，便如以水沃石①，一毫不得

jìn rù　　bù kāi wù　biàn rú jiāo zhù gǔ sè　　yì háo
进入②；不开悟，便如胶柱鼓瑟③，一毫

zhuǎn dòng bù dé　bù tǐ rèn　　biàn rú diàn guāng zhào wù
转动不得；不体认④，便如电光照物⑤，

yì háo bǎ zhuō bù dé　bù gōng xíng　biàn rú shuǐ xíng dé
一毫把捉不得；不躬行，便如水行得

chē　lù xíng dé zhōu　yì háo shòu yòng bù dé
车，陆行得舟，一毫受用不得。

dú shū guì néng yí　yí nǎi kě yǐ qǐ xìn⑥　dú shū
读书贵能疑，疑乃可以启信⑥；读书

zài yǒu jiàn　jiàn nǎi kè dǐ yǒu chéng⑦
在有渐，渐乃克底有成⑦。

kàn shū qiú lǐ　xū lìng zì jiā xiōng zhōng diǎn tóu　yǔ
看书求理，须令自家胸中点头；与

rén tán lǐ　xū lìng rén jiā xiōng zhōng diǎn tóu
人谈理，须令人家胸中点头。

ài xī jīng shén　liú tā rì dān dāng yǔ zhòu　cuō tuó suì
爱惜精神，留他日担当宇宙；蹉跎岁

yuè　wèn hé shí bào dá jūn qīn
月，问何时报答君亲。

---

①**以水沃石**：用水浇灌石头。　②**不得进入**：当为"进入不得"。　③**胶柱鼓瑟**：比喻不懂变通。
④**体认**：体会，认知。　⑤**电光**：闪电。　⑥**启信**：引起思考。　⑦**克底**：坚持到底。

戒浩饮，浩饮伤神①；戒贪色，贪色灭神；戒厚味，厚味昏神②；戒饱食，饱食闷神；戒多动，多动乱神；戒多言，多言损神；戒多忧，多忧郁神；戒多思，多思挠神；戒久睡，久睡倦神；戒久读，久读苦神。

---

①浩饮：豪饮。　②厚味：浓味，美味。

存养类

性分不可使不足①，故其取数也宜多：曰穷理②，曰尽性③，曰达天④，曰入神⑤，曰致广大、极高明；情欲不可使有余，故其取数也宜少：曰谨言⑥，曰慎行⑦，曰约己，曰清心，曰节饮食、寡嗜欲。

大其心，容天下之物；虚其心，受天下之善；平其心，论天下之事；潜其心，观天下之理；定其心，应天下之变。

清明以养吾之神⑧，湛一以养吾之

---

①性分：天性。　②穷理：彻底推究事物的道理。　③尽性：充分了解人类的天性。　④达天：通晓自然的规律。　⑤入神：达到高妙的境界。　⑥谨言：说话小心。　⑦慎行：行动谨慎。　⑧清明：清净明澈。

虑①，沉警以养吾之识②，刚大以养吾之气③，果断以养吾之才，凝重以养吾之度，宽裕以养吾之量，严冷以养吾之操④。

自家有好处，要掩藏几分，这是涵育以养深⑤；别人不好处，要掩藏几分，这是浑厚以养大⑥。

以虚养心，以德养身；以仁养天下万物，以道养天下万世。

涵养冲虚⑦，便是身世学问⑧；省除烦恼⑨，何等心性安和。

颜子四勿⑩，要收入来，闲存工夫⑪，

增广贤文·格言联璧诵读本

---

①湛一：精深专一。　②沉警：沉着机警。　③刚大：刚强博大。　④严冷：严谨冷峻。　⑤涵育：涵养。　⑥浑厚：宽宏。　⑦冲虚：恬淡虚静。　⑧身世：修身处世。　⑨省除：消除。　⑩颜子四勿：指非礼勿视，非礼勿听，非礼勿言，非礼勿动。颜子，孔子弟子颜渊。　⑪闲存：闲静存神。

制外以养中也；孟子四端①，要扩充去，格致工夫②，推近以暨远也③。

喜怒哀乐而曰未发，是从人心直溯道心，要他存养；未发而曰喜怒哀乐，是从道心指出人心，要他省察。

存养宜冲粹④，近春温；省察宜谨严，近秋肃。

就性情上理会，则曰涵养；就念虑上提撕⑤，则曰省察；就气质上销熔⑥，则曰克治。

果决人似忙，心中常有余闲；因循

---

①四端：指仁、义、礼、智四种道德观念。　②格致：格物致知。即考察事物原理法则，进而总结为理性知识。　③暨：到。　④存养：存心养性。冲粹：中正纯和。　⑤提撕：提醒。　⑥销熔：熔化，此指化解浮躁之气。克治：克制，抵御。

人似闲^①，心中常有余忙。

寡欲故静，有主则虚。

无欲之谓圣，寡欲之谓贤，多欲之谓凡，徇欲之谓狂^②。

人之心胸，多欲则窄，寡欲则宽；人之心境，多欲则忙，寡欲则闲；人之心术，多欲则险，寡欲则平；人之心事，多欲则忧，寡欲则乐；人之心气，多欲则馁^③，寡欲则刚^④。

宜静默，宜从容，宜谨严，宜俭约，四者切己良箴^⑤；忌多欲，忌妄动，忌坐

---

①因循：拖拉，延迟。　②徇欲：即"殉欲"，为满足私欲而不惜一切。　③馁：丧气，失去勇气。
④刚：刚强。　⑤切己：与自己关系密切重大。良箴：很好的训诫。

驰^①，忌旁骛^②，四者切己大病。

常操常存，得一恒字诀；勿忘勿助，得一渐字诀。

敬守此心^③，则心定；敛抑其气^④，则气平。

人性中不曾缺一物，人性上不可添一物。

君子之心不胜其小，而气量涵盖一世；小人之心不胜其大，而志意拘守一隅。

怒是猛虎，欲是深渊。

忿如火，不遏则燎原^⑤；欲如水，不遏

---

①坐驰：身形不动而心驰于外。　②旁骛：别有追求而不专心。　③敬守：慎重保持。　④敛抑：收敛抑制。　⑤遏：止。燎原：大火延烧原野。

则滔天^①。惩忿如摧山^②，窒欲如填壑^③；惩忿如救火，窒欲如防水。

心一松散，万事不可收拾；心一疏忽，万事不入耳目；心一执著，万事不得自然^④。

一念疏忽，是错起头；一念决裂，是错到底。

古之学者，在心上做工夫，故发之容貌，则为盛德之符；今之学者，在容貌上做工夫，故反之于心，则为实德之病。

处逆境心，须用开拓法；处顺境心，要用收敛法。

---

①滔天：大水弥漫天际。　②惩忿：克制忿怒。摧山：摧毁山脉。　③窒欲：抑制欲望。填壑：填平沟壑。　④执著：即"执着"，此处指固执、钻牛角尖。

shì lù fēng shuāng　wú rén liàn xīn zhī jìng yě　mín
世路风霜①，吾人炼心之境也；民

qíng lěng nuǎn　wú rén rěn xìng zhī dì yě　shì shì diān dǎo
情冷暖②，吾人忍性之地也；世事颠倒，

wú rén xiū xíng zhī zī yě
吾人修行之资也。

qīng tiān bái rì de jié yì　zì àn shì wū lòu zhōng
青天白日的节义③，自暗室屋漏中

péi lái　xuán qián zhuǎn kūn de jīng lún　zì lín shēn lǚ bó
培来④；旋乾转坤的经纶⑤，自临深履薄

chù dé lì
处得力⑥。

míng yù zì qū rǔ zhōng zhāng　dé liàng zì yǐn rěn zhōng dà
名誉自屈辱中彰，德量自隐忍中大。

qiān tuì shì bǎo shēn dì yī fǎ　ān xiáng shì chǔ shì dì
谦退是保身第一法，安详是处事第

yī fǎ　hán róng shì dài rén dì yī fǎ　sǎ tuō shì yǎng xīn dì
一法，涵容是待人第一法，洒脱是养心第

yī fǎ
一法。

xǐ lái shí　yì jiǎn diǎn　nù lái shí　yì jiǎn diǎn
喜来时，一检点⑦；怒来时，一检点；

---

①世路：人生的道路。　②民情：当作"世情"。　③青天白日：蓝天白云，比喻高洁的品德。**节义：**节操、义行。　④暗室屋漏：指别人看不见的地方。　⑤经纶：指治理国家的才能。　⑥临深履薄：面临深渊，脚踩薄冰。指小心谨慎。　⑦检点：省察，反思。

dài duò shí　yì jiǎn diǎn　fàng sì shí　yì jiǎn diǎn
怠惰时，一检点；放肆时，一检点。

zì chǔ chāo rán　chǔ rén ǎi rán　wú shì chéng rán
自处超然①，处人蔼然②；无事澄然③，

yǒu shì zhǎn rán　dé yì dàn rán　shī yì tài rán
有事斩然④；得意淡然⑤，失意泰然⑥。

jìng néng zhì dòng　chén néng zhì fú　kuān néng zhì biǎn
静能制动，沉能制浮，宽能制褊⑦，

huǎn néng zhì jí
缓能制急。

tiān dì jiān zhēn zī wèi　wéi jìng zhě néng cháng de chū
天地间真滋味，惟静者能尝得出；

tiān dì jiān zhēn jī kuò　wéi jìng zhě néng kàn de tòu
天地间真机括⑧，惟静者能看得透。

yǒu cái ér xìng huǎn　dìng shǔ dà cái　yǒu zhì ér qì
有才而性缓，定属大才；有智而气

hé　sī wéi dà zhì
和，斯为大智。

qì jì shèng　xīn jì mǎn　cái jì lù
气忌盛，心忌满，才忌露。

yǒu zuò yòng zhě　qì yǔ dìng shì bù fán　yǒu zhì huì
有作用者，器宇定是不凡⑨；有智慧

---

①**超然**：超脱的样子。　②**蔼然**：和气的样子。　③**澄然**：沉静的样子。　④**斩然**：决断的样子。
⑤**淡然**：平淡的样子。　⑥**泰然**：安然的样子。　⑦**褊**：气量狭小。　⑧**机括**：比喻事物的关键。
⑨**器宇**：胸襟，器量。

者，才情决然不露①。

意粗性躁，一事无成；心平气和，千祥骈集②。

世俗烦恼处，要耐得下；世事纷扰处，要闲得下；胸怀牵缠处，要割得下；境地浓艳处，要淡得下；意气忿怒处，要降得下。

以和气迎人，则乖沴灭③；以正气接物，则妖氛消④；以浩气临事，则疑畏释⑤；以静气养身，则梦寐恬。

观操存，在厉害时；观精力，在饥疲时；观度量，在喜怒时；观镇定，在震

增广贤文·格言联璧诵读本

---

①才情:才能。 ②骈集:凑集,聚集。 ③乖沴:不和之气,邪气。 ④妖氛:指灾祸。 ⑤疑畏:猜疑畏惧。

jīng shí
惊时。

dà shì nán shì kàn dān dāng　　nì jìng shùn jìng kàn jīn dù
大事难事看担当，逆境顺境看襟度，

lín xǐ lín nù kàn hán yǎng　　qún xíng qún zhǐ kàn shí jiàn
临喜临怒看涵养，群行群止看识见。

qīng dāng jiǎo zhī yǐ zhòng　　fú dāng jiǎo zhī yǐ shí　biǎn
轻当矫之以重，浮当矫之以实，褊

dāng jiǎo zhī yǐ kuān①　　zhí dāng jiǎo zhī yǐ yuán②　　ào dāng jiǎo
当矫之以宽①，执当矫之以圆②，傲当矫

zhī yǐ qiān　shē dāng jiǎo zhī yǐ jiǎn　　rěn dāng jiǎo zhī yǐ cí
之以谦，奢当矫之以俭，忍当矫之以慈，

tān dāng jiǎo zhī yǐ lián　　sī dāng jiǎo zhī yǐ gōng　　fàng yán dāng
贪当矫之以廉，私当矫之以公；放言当

jiǎo zhī yǐ jiān mò③　　hào dòng dāng jiǎo zhī yǐ zhèn jìng　　cū shuài
矫之以缄默③，好动当矫之以镇静，粗率

dāng jiǎo zhī yǐ xì mì　　zào jí dāng jiǎo zhī yǐ hé huǎn　　dài duò
当矫之以细密，躁急当矫之以和缓，怠惰

dāng jiǎo zhī yǐ jīng qín　　gāng bào dāng jiǎo zhī yǐ wēn róu　　qiǎn lù
当矫之以精勤，刚暴当矫之以温柔，浅露

dāng jiǎo zhī yǐ chén qián　　xī kè dāng jiǎo zhī yǐ hún hòu④
当矫之以沉潜，溪刻当矫之以浑厚④。

①褊：心胸狭小。　②执：固执己见。　③放言：放肆其言。缄默：沉默。　④溪刻：苛刻，刻薄。

增广贤文·格言联璧诵读本

持躬类
chí gōng lèi

聪明睿知①，守之以愚；功被天下②，
cōng míng ruì zhì　　shǒu zhī yǐ yú　　gōng bèi tiān xià

守之以让；勇力振世，守之以怯；富有四
shǒu zhī yǐ ràng　　yǒng lì zhèn shì　　shǒu zhī yǐ qiè　　fù yǒu sì

海，守之以谦。
hǎi　　shǒu zhī yǐ qiān

不与居积人争富③，不与进取人争
bù yǔ jū jī rén zhēng fù　　bù yǔ jìn qǔ rén zhēng

贵，不与矜饰人争名④，不与少年人争英
guì　　bù yǔ jīn shì rén zhēng míng　　bù yǔ shào nián rén zhēng yīng

俊，不与盛气人争是非。
jùn　　bù yǔ shèng qì rén zhēng shì fēi

富贵，怨之府也；才能，身之灾也；
fù guì　　yuàn zhī fǔ yě　　cái néng　　shēn zhī zāi yě

声名，谤之媒也；欢乐，悲之渐也⑤。
shēng míng　　bàng zhī méi yě　　huān lè　　bēi zhī jiàn yě

浓于声色，生虚怯病；浓于货利，
nóng yú shēng sè　　shēng xū qiè bìng　　nóng yú huò lì

---

①睿知：即"睿智"。　②被：覆盖。　③居积：囤积居奇。　④矜饰：矜夸修饰。　⑤悲之渐：悲哀的开始，比喻乐极生悲。

生贪饕病①；浓于功业，生造作病；浓于

名誉，生矫激病②。

想自己身心，到后日置之何处；顾本

来面目，在古时像个甚人。

莫轻视此身，三才在此六尺③；莫轻

视此生，千古在此一日。

醉酒饱肉，浪笔恣谈④，却不错过了

一日？妄动胡言，昧理纵欲，讵不作孽

了一日⑤？

不让古人，是谓有志；不让今人，是

谓无量。

一能胜千，君子不可无此小心；吾

①**贪饕**：贪财、贪食。　②**矫激**：有违常情，奇异偏激。　③**三才**：天、地、人。**六尺**：六尺身躯，人的
躯体。　④**浪笔恣谈**：放纵笔墨，恣意言谈。　⑤**讵**：岂，难道。

hé wèi bǐ　zhàng fū bù kě wú cǐ dà zhì
何畏彼，丈夫不可无此大志。

guài xiǎo rén zhī diān dǎo háo jié　bù zhī wéi diān dǎo fāng
怪小人之颠倒豪杰，不知惟颠倒方

wéi xiǎo rén　xī jūn zǐ zhī shòu shì zhé mó　bù zhī wéi zhé mó
为小人；惜君子之受世折磨，不知惟折磨

nǎi jiàn jūn zǐ
乃见君子。

jīng yì fān zhé mó　zhǎng yì fān shí jiàn　róng yì fān
经一番折磨，长一番识见；容一番

hèng nì　zēng yì fān qì dù　shěng yì fēn jīng yíng　duō yì
横逆①，增一番器度；省一分经营，多一

fēn dào yì　xué yì fēn tuì ràng　tǎo yì fēn pián yí　qù yì
分道义；学一分退让，讨一分便宜；去一

fēn shē chǐ　shǎo yì fēn zuì guò　jiā yì fēn tǐ tiē　zhī yì
分奢侈，少一分罪过；加一分体贴②，知一

fēn wù qíng③
分物情③。

bú zì zhòng zhě qǔ rǔ　bú zì wèi zhě zhāo huò　bú
不自重者取辱，不自畏者招祸，不

zì mǎn zhě shòu yì　bú zì shì zhě bó wén
自满者受益，不自是者博闻。

yǒu zhēn cái zhě　bì bù jīn cái④　yǒu shí xué zhě　bì
有真才者，必不矜才④；有实学者，必

---

①横逆：横暴的行为。　②体贴：仔细体会。　③物情：物理人情。　④矜才：夸耀才华。

bù kuā xué
不夸学①。

gài shì gōng láo　dāng bù dé yí gè jīn zì　mí tiān zuì
盖世功劳，当不得一个矜字；弥天罪

è　zuì nán dé yí gè huǐ zì
恶，最难得一个悔字。

wěi zuì lüè gōng　cǐ xiǎo rén shì　yǎn zuì kuā gōng
诿罪掠功②，此小人事；掩罪夸功，

cǐ zhòng rén shì　ràng měi guī gōng　cǐ jūn zǐ shì　fēn yuàn
此众人事；让美归功③，此君子事；分怨

gòng guò　cǐ shèng dé shì
共过④，此盛德事⑤。

wú huǐ zhòng rén zhī míng　yǐ chéng yì jǐ zhī shàn　wú
毋毁众人之名，以成一己之善；毋

yì tiān xià zhī lǐ　yǐ hù yì jǐ zhī guò
役天下之理⑥，以护一己之过。

dà zhe dù pí róng wù　lì dìng jiǎo gēn zuò rén
大著肚皮容物⑦，立定脚跟做人。

shí chù zhuó jiǎo　wěn chù xià shǒu
实处著脚⑧，稳处下手。

dú shū yǒu sì gè zì zuì yào jǐn　yuē quē yí hào wèn
读书有四个字最要紧，曰阙疑好问⑨；

---

①**夸学**：夸耀学问。　②**诿罪掠功**：推诿罪责，抢夺功劳。　③**让美归功**：把好处和功劳让给别人。
④**分怨共过**：与人分忧，共担过失。　⑤**盛德**：德行美好。　⑥**役**：役使。　⑦**著**：即"着"。　⑧**著脚**：即"着脚"，放脚。　⑨**阙疑**：对疑难未解的问题不妄加推测。

zuò rén yǒu sì gè zì zuì yào jǐn　　yuē wù shí nài jiǔ
做人有四个字最要紧，曰务实耐久①。

shì dāng kuài yì chù xū zhuǎn　　yán dào kuài yì shí xū zhù
事当快意处须转，言到快意时须住。

wù jì quán shèng　　shì jì quán měi　　rén jì quán shèng
物忌全胜，事忌全美，人忌全盛。

jǐn qián xíng zhě dì bù zhǎi　　xiàng hòu kàn zhě yǎn jiè kuān
尽前行者地步窄，向后看者眼界宽。

liú yǒu yú bú jìn zhī qiǎo　　yǐ huán zào huà②　　liú yǒu
留有余不尽之巧，以还造化②；留有

yú bú jìn zhī lù　　yǐ huán cháo tíng　　liú yǒu yú bú jìn zhī
余不尽之禄，以还朝廷；留有余不尽之

cái　　yǐ huán bǎi xìng　　liú yǒu yú bú jìn zhī fú　　yǐ yí
财，以还百姓；留有余不尽之福，以贻

zǐ sūn
子孙。

sì hǎi hé píng zhī fú　　zhǐ shì suí yuán　　yì shēng qiān
四海和平之福，只是随缘；一生牵

rě zhī láo　　zǒng yīn hào shì
惹之劳，总因好事。

huā fán liǔ mì chù bō de kāi　　fāng jiàn shǒu duàn　　fēng
花繁柳密处拨得开，方见手段；风

kuáng yǔ zhòu shí lì de dìng　　cái shì jiǎo gēn
狂雨骤时立得定，才是脚跟。

---

①务实耐久：讲究实际又持之以恒。　②造化：自然。

步步占先者，必有人以挤之；事事争胜者，必有人以挫之。

能改过，则天地不怒；能安分，则鬼神无权①。

言行拟之古人，则德进；功名付之天命，则心闲；报应念及子孙，则事平；受享虑及疾病，则用俭。

安莫安于知足，危莫危于多言；贵莫贵于无求，贱莫贱于多欲；乐莫乐于好善，苦莫苦于多贪；长莫长于博谋，短莫短于自恃；明莫明于体物②，暗莫暗于昧几③。

---

①无权：无可奈何。　②体物：体察、洞悉事物。　③昧几：观察不到事物的苗头和迹象。

能知足者，天不能贫；能忍辱者，
天不能祸；能无求者，天不能贱；能外
形骸者①，天不能病；能不贪生者，天不
能死；能随遇而安者，天不能困；能造就
人材者②，天不能孤；能以身任天下后世
者，天不能绝。

天薄我以福，吾厚吾德以迓之③；天
劳我以形，吾逸吾心以补之；天厄我以
遇④，吾享吾道以通之；天苦我以境，吾乐
吾神以畅之。

吉凶祸福，是天主张；毁誉与夺，是
人主张；立身行己，是我主张。

增广贤文·格言联璧诵读本

①外形骸：将身体置之度外，不过分爱惜。　②人材：即"人才"。　③迓：迎接。　④厄：使遭受苦难。

要得富贵福泽,天主张,由不得我;
要做贤人君子,我主张,由不得天。

富以能施为德,贫以无求为德;贵以下人为德①,贱以忘势为德②。

护体面,不如重廉耻;求医药,不如养性情;立党羽③,不如昭信义④;作威福,不如笃至诚;多言说,不如慎隐微⑤;博声名,不如正心术;恣豪华,不如乐名教⑥;广田宅,不如教义方⑦。

行己恭⑧,责躬厚⑨,接众和,立心正,进道勇。择友以求益,改过以全身。

①下人:虚己下人,礼贤下士。　②忘势:蔑视权势。　③党羽:党徒。　④昭:使显著。　⑤隐微:细小的事情。　⑥名教:以正名定分为主的礼仪教化。　⑦义方:行事应遵守的规矩制度。　⑧行己:立身行事。　⑨责躬:反躬自责。

jìng wéi qiān shèng shòu shòu zhēn yuán　　shèn nǎi bǎi nián tí
敬为千圣授受真源①，慎乃百年提

sī jǐn yào
撕紧钥②。

dù liàng rú hǎi hán chūn yù　　yìng jiē rú liú shuǐ xíng yún
度量如海涵春育，应接如流水行云，

cāo cún rú qīng tiān bái rì　　wēi yí rú dān fèng xiáng lín　　yán lùn
操存如青天白日，威仪如丹凤祥麟，言论

rú qiāo jīn jiá shí　　chí shēn rú yù jié bīng qīng　　jīn bào rú
如敲金戛石③，持身如玉洁冰清，襟抱如

guāng fēng jì yuè　　qì gài rú qiáo yuè tài shān
光风霁月，气概如乔岳泰山④。

hǎi kuò píng yú yuè　　tiān gāo rèn niǎo fēi　　fēi dà zhàng
海阔凭鱼跃⑤，天高任鸟飞，非大丈

fū bù néng yǒu cǐ dù liàng　　zhèn yī qiān rèn gāng　　zhuó zú wàn
夫不能有此度量；振衣千仞冈⑥，濯足万

lǐ liú　　fēi dà zhàng fū bù néng yǒu cǐ qì jié　　zhū cáng
里流⑦，非大丈夫不能有此气节；珠藏

zé zì mèi　　yù yùn shān hán huī　　fēi dà zhàng fū bù néng
泽自媚⑧，玉韫山含晖⑨，非大丈夫不能

yǒu cǐ yùn jiè　　yuè dào wú tóng shàng　　fēng lái yáng liǔ biān
有此蕴藉⑩；月到梧桐上，风来杨柳边，

①授受：给予与接受。真源：本源。　②提撕：教导、提醒。紧钥：关键。　③戛：敲击。　④乔岳：高山。　⑤凭：任凭。　⑥振衣：抖衣去尘。千仞：形容极高。仞，八尺为仞。　⑦濯足：洗脚。　⑧泽：水泽。媚：美好。　⑨韫：蕴藏。晖：光辉。　⑩蕴藉：含蓄不露。

非大丈夫不能有此襟怀。

处草野之日①，不可将此身看得小；
居廊庙之日②，不可将此身看得大。

只一个俗念头，错做了一生人；只一双俗眼睛，错认了一生人。

心不妄念，身不妄动，口不妄言，君子所以存诚；内不欺己，外不欺人，上不欺天，君子所以慎独。

不愧父母，不愧兄弟，不愧妻子，君子所以宜家③；不负天子，不负生民，不负所学，君子所以用世。

以性分言④，无论父子兄弟，即天地

---

①草野：比喻民间。　②廊庙：借指朝廷。　③宜家：使家庭和睦。　④性分：天性，本性。

万物，皆一体耳，何物非我？于此信得及，则心体廓然矣①；以外物言，无论功名富贵，即四肢百骸，亦躯壳耳，何物是我？于此信得及，则世味淡然矣。

有补于天地曰功，有关于世教曰名②，有学问曰富，有廉耻曰贵，是谓功名富贵；无为曰道，无欲曰德，无习于鄙陋曰文，无近于暧昧曰章③，是谓道德文章。

困辱非忧，取困辱为忧；荣利非乐，忘荣利为乐。

热闹华荣之境，一过则生凄凉；清真冷淡之为④，历久愈有意味。

---

①廓然：空旷寂静貌。　②世教：当世的正统思想与礼教。　③暧昧：含糊不清。　④清真：纯真质朴。

心志要苦，意趣要乐，气度要宏，言动要谨。

心术以光明笃实为第一，容貌以正大老成为第一，言语以简重真切为第一。

勿吐无益身心之语，勿为无益身心之事，勿近无益身心之人，勿入无益身心之境，勿展无益身心之书。

此生不学一可惜，此日闲过二可惜，此身一败三可惜。

君子胸中所常体，不是人情是天理；君子口中所常道，不是人伦是世教；君子身中所常行，不是规矩是准绳。

休 xiū 诿 wěi 罪 zuì 于 yú 气 qì 化 huà ①，一 yí 切 qiè 责 zé 之 zhī 人 rén 事 shì；休 xiū

休诿罪于气化①，一切责之人事；休

过 guò 望 wàng 于 yú 世 shì 间 jiān ②，一 yí 切 qiè 求 qiú 之 zhī 我 wǒ 身 shēn 。

过望于世间②，一切求之我身。

自 zì 责 zé 之 zhī 外 wài ，无 wú 胜 shèng 人 rén 之 zhī 术 shù；自 zì 强 qiáng 之 zhī 外 wài ，

自责之外，无胜人之术；自强之外，

无 wú 上 shàng 人 rén 之 zhī 术 shù 。

无上人之术。

书 shū 有 yǒu 未 wèi 曾 céng 经 jīng 我 wǒ 读 dú ，事 shì 无 wú 不 bù 可 kě 对 duì 人 rén 言 yán 。

书有未曾经我读，事无不可对人言。

闺 guī 门 mén 之 zhī 事 shì 可 kě 传 chuán ，而 ér 后 hòu 知 zhī 君 jūn 子 zǐ 之 zhī 家 jiā

闺门之事可传，而后知君子之家

法 fǎ 矣 yǐ；近 jìn 习 xí 之 zhī 人 rén 起 qǐ 敬 jìng ③，而 ér 后 hòu 知 zhī 君 jūn 子 zǐ 之 zhī

法矣；近习之人起敬③，而后知君子之

身 shēn 法 fǎ 矣 yǐ 。

身法矣。

门 mén 内 nèi 罕 hǎn 闻 wén 嬉 xī 笑 xiào 怒 nù 骂 mà ，其 qí 家 jiā 范 fàn 可 kě 知 zhī；座 zuò

门内罕闻嬉笑怒骂，其家范可知；座

右 yòu 遍 biàn 书 shū 名 míng 论 lùn 格 gé 言 yán ，其 qí 志 zhì 趣 qù 可 kě 想 xiǎng 。

右遍书名论格言，其志趣可想。

慎 shèn 言 yán 动 dòng 于 yú 妻 qī 子 zǐ 仆 pú 隶 lì 之 zhī 间 jiān ，检 jiǎn 身 shēn 心 xīn 于 yú

慎言动于妻子仆隶之间，检身心于

食 shí 息 xī 起 qǐ 居 jū 之 zhī 际 jì 。

食息起居之际。

---

①诿：推诿。气化：此处指运气。　②过望：奢望，过高的要求。　③近习：这里指亲近、熟悉。

68

yǔ yán jiān jìn kě jī dé　qī zǐ jiān yì shì xiū shēn
语言间尽可积德，妻子间亦是修身。

zhòu yàn zhī qī zǐ　yǐ guān qí xíng zhī dǔ yǔ fǒu yě
昼验之妻子，以观其行之笃与否也；

yè kǎo zhī mèng mèi　yǐ bǔ qí zhì zhī dìng yǔ fǒu yě
夜考之梦寐，以卜其志之定与否也。

yù lǐ huì qī chǐ　xiān lǐ huì fāng cùn　yù lǐ huì
欲理会七尺①，先理会方寸②；欲理会

liù hé　xiān lǐ huì yì qiāng
六合③，先理会一腔④。

shì rén yǐ qī chǐ wéi xìng mìng　jūn zǐ yǐ xìng mìng wéi
世人以七尺为性命，君子以性命为

qī chǐ
七尺。

qì xiàng yào gāo kuàng　bù kě shū kuáng　xīn sī yào
气象要高旷⑤，不可疏狂⑥；心思要

zhěn mì　bù kě suǒ xiè　qù wèi yào chōng dàn　bù kě kū
缜密，不可琐屑；趣味要冲淡⑦，不可枯

jì　cāo shǒu yào yán míng　bù kě jī liè
寂⑧；操守要严明，不可激烈。

cōng míng zhě jiè tài chá　gāng qiáng zhě jiè tài bào　wēn
聪明者戒太察，刚强者戒太暴，温

liáng zhě jiè wú duàn
良者戒无断。

---

①理会：明了。七尺：人身的代称。　②方寸：心。　③六合：指天地四方。　④一腔：一方腔调。这里指一方之地。　⑤气象：气度，气概。　⑥疏狂：狂放而不受约束。　⑦冲淡：淡泊。　⑧枯寂：寂寞。

勿施小惠伤大体，毋借公道遂私情。以情恕人，以理律己。

以恕己之心恕人，则全交①；以责人之心责己，则寡过②。

力有所不能，圣人不以无可奈何者责人；心有所当尽，圣人不以无可奈何者自诿。

众恶必察，众好必察，易；自恶必察，自好必察，难。

见人不是，诸恶之根；见己不是，万善之门。

不为过三字③，昧却多少良心；没奈

---

①**全交**：保全交谊。　②**寡过**：减少过错。　③**不为过**：不算错。

何三字^①，抹却多少体面。

品诣常看胜如我者^②，则愧耻自增；
享用常看不如我者，则怨尤自泯^③。

家坐无聊，亦念食力担夫红尘赤日^④；
官阶不达，尚有高才秀才白首青衿^⑤。

将啼饥者比，则得饱自乐；将号寒者比，则得暖自乐；将劳役者比，则优闲自乐；将疾病者比，则康健自乐；将祸患者比，则平安自乐；将死亡者比，则生存自乐。

常思终天抱恨^⑥，自不得不尽孝心；
常思度日艰难，自不得不节费用；常思

---

①没奈何：没办法。　②品诣：品德。　③怨尤：埋怨。　④食力：劳力者。担夫：以挑运货物为生的人。　⑤青衿：青色的衣领，指读书人。　⑥终天抱恨：指父母死后，悲痛之情伴随终生。终天，终生。

人命脆薄，自不得不惜精神；常思世态炎凉，自不得不奋志气；常思法网难漏，自不得不戒非为；常思身命易倾①，自不得不忍气性②。

以"媚"字奉亲③，以"淡"字交友，以"苟"字省费④，以"拙"字免劳，以"聋"字止谤，以"盲"字远色，以"吝"字防口，以"病"字医淫，以"贪"字读书，以"疑"字穷理，以"刻"字责己，以"迂"字守礼，以"狠"字立志，以"傲"字植骨，以"痴"字救贫，以"空"字解忧，以"弱"字御悔，以"悔"字改过，以"懒"

---

①易倾：容易倒塌，比喻生命脆弱。　②气性：怒气和急性。　③媚：喜爱。　④苟：俭省。

字抑奔竞风①，以"惰"字屏尘俗事。

对失意人，莫谈得意事；处得意日，莫忘失意时。

贫贱是苦境，能善处者自乐；富贵是乐境，不善处者更苦。

恩里由来生害，故快意时须早回头；败后或反成功，故拂心处莫便放手②。

深沉厚重，是第一等资质；磊落豪雄，是第二等资质；聪明才辩，是第三等资质。

上士忘名③，中士立名④，下士窃名⑤；上士闭心，中士闭口，下士闭门。

①奔竞：为名利奔走竞争。　②拂心：不顺心。　③上士：贤能之士。　④中士：中等人。　⑤下士：愚蠢的人。

好讦人者身必危①，自甘为愚，适成

其保身之智；好自夸者人多笑，自舞其

智②，适见其欺人之愚。

闲暇出于精勤，恬适出于畏惧③，无

思出于能虑④，大胆出于小心。

平康之中⑤，有险阴焉；衽席之内⑥，

有鸩毒焉⑦；衣食之间，有祸败焉。

居安虑危，处治思乱。

天下之势，以渐而成；天下之事，以

积而固。

祸到休愁，也要会救；福来休喜，也

要会受。

---

①讦人：揭发别人的隐私，攻击别人的短处。 ②舞：玩弄。 ③恬适：安逸。 ④无思：没有顾虑。
⑤平康：平安。 ⑥衽席：指卧席。 ⑦鸩毒：毒药。

tiān yù huò rén　xiān yǐ wēi fú jiāo zhī　tiān yù fú
天欲祸人，先以微福骄之；天欲福

rén　xiān yǐ wēi huò jǐng zhī
人，先以微祸儆之①。

ào màn zhī rén zhòu dé tōng xiǎn　tiān jiāng zhòng xíng zhī yě
傲慢之人骤得通显，天将重刑之也；

shū fàng zhī rén jiān yú jìn qǔ　tiān jiāng qū shè zhī yě
疏放之人艰于进取②，天将曲赦之也③。

xiǎo rén yì yǒu tǎn dàng dàng chù　wú suǒ jì dàn shì yǐ
小人亦有坦荡荡处④，无所忌惮是已；

jūn zǐ yì yǒu cháng qī qī chù　zhōng shēn zhī yōu shì yǐ
君子亦有长戚戚处⑤，终身之忧是已。

shuǐ　jūn zǐ yě　qí xìng chōng　qí zhì bái　qí wèi dàn
水，君子也：其性冲，其质白，其味淡，

qí wéi yòng yě　kě yǐ huàn bù jié zhě ér shǐ jié　jí fèi tāng zhě
其为用也，可以浣不洁者而使洁，即沸汤者

tóu yǐ yóu　yì zì fēn bié ér bù xiāng hùn　chéng zāi jūn zǐ yě
投以油，亦自分别而不相混，诚哉君子也；

yóu　xiǎo rén yě　qí xìng huá　qí zhì nì　qí wèi nóng　qí wéi
油，小人也：其性滑，其质腻，其味浓，其为

yòng yě　kě yǐ wū jié zhě ér shǐ bù jié　tǎng gǔn yóu zhōng tóu
用也，可以污洁者而使不洁，倘滚油中投

yǐ shuǐ　bì zhì jī bó ér bù xiāng róng　chéng zāi xiǎo rén yě
以水，必至激搏而不相容，诚哉小人也。

---

①儆：使人警醒，不犯过错。　②疏放：放任，不受拘束。　③曲赦：特赦，此处指宽容、宽恕。
④坦荡荡：坦然宽广的样子。　⑤长戚戚：多忧惧的样子。

凡阳必刚，刚必明，明则易知；凡阴

必柔，柔必暗，暗则难测。

称人以颜子①，无不悦者，忘其贫贱

而夭②；指人以盗跖③，无不怒者，忘其富

贵而寿。

事事难上难，举足常虞失坠④；件件

想一想，浑身都是过差。

怒宜实力消融，过要细心检点。

探理宜柔，优游涵泳⑤，始可以自得；

决欲宜刚，勇猛奋迅⑥，始可以自新。

惩忿窒欲⑦，其象为损⑧，得力在一

---

①颜子：颜渊，古代道德典范。　②夭：早死。　③盗跖：春秋时著名大盗。　④虞：防备。　⑤优游涵泳：从容求索，深入体会。　⑥奋迅：果断迅速。　⑦惩忿窒欲：克制愤怒，抑制欲望。　⑧损：《周易》六十四卦之一，卦义为减损。

忍字;迁善改过①,其象为益②,得力在一悔字。

富贵如传舍③,惟谨慎可得久居;贫贱如敝衣,惟勤俭可以脱卸。

俭则约,约则百善俱兴;侈则肆,肆则百恶俱纵。

奢者富不足,俭者贫有余;奢者心常贫,俭者心常富。

贪饕以招辱④,不若俭而守廉;干请以犯义⑤,不若俭而全节;侵牟以聚怨⑥,不若俭而养心;放肆以遂欲,不若俭而安性。

---

①迁善改过:改正过失而向善。　②益:《周易》六十四卦之一,卦义为增加。　③传舍:古代供行人休息住宿的地方。　④贪饕:贪得无厌。　⑤干请:有所求而请托。　⑥侵牟:侵占掠夺。

静坐，然后知平日之气浮；守默，然
后知平日之言躁；省事，然后知平日之
心忙；闭户，然后知平日之交滥；寡欲，
然后知平日之病多；近情，然后知平日
之念刻。

无病之身，不知其乐也，病生始知
无病之乐；无事之家，不知其福也，事至
始知无事之福。

欲心正炽时，一念著病，兴似寒冰①；
利心正炽时，一想到死，味同嚼蜡。

有一乐境界，即有一不乐者相对待；
有一好光景，便有一不好底相乘除。

---

①著：即"着"。

事不可做尽，言不可道尽，势不可仗尽，福不可享尽。

不可吃尽，不可穿尽，不可说尽；又要懂得，又要做得，又要耐得。

难消之味休食，难得之物休蓄，难酬之恩休受，难久之友休交，难再之时休失，难守之财休积，难雪之谤休辩，难释之忿休较。

饭休不嚼便咽，路休不看便走，话休不想便说，事休不想便做，衣休不慎便脱，财休不审便取，气休不忍便动，友休不择便交。

为善如负重登山，志虽已确，而力

增广贤文·格言联璧诵读本

犹恐不及；为恶如乘骏走坂①，鞭虽不加，而足不禁其前。

防欲如挽逆水之舟，才歇手，便下流；为善如缘无枝之树，才住脚，便下坠。

胆欲大，心欲小，智欲圆，行欲方。

真圣贤，决非迂腐；真豪杰，断不粗疏。

龙吟虎啸，凤翥鸾翔②，大丈夫之气象；蚕茧蛛丝，蚁封蚓结，儿女子之经营。

格格不吐③，刺刺不休④，总是一般语病，请以莺歌燕语疗之；恋恋不舍，忽

①走坂：指走下斜坡。坂，斜坡。　②翥：飞举。　③格格：形容有心事。　④刺刺：多言的样子。

80

忽若忘，各有一种情痴，当以鸢飞鱼跃化之。

问消息于蓍龟①，疑团空结；祈福祉于奥灶②，奢想徒劳。

谦，美德也，过谦者怀诈；默，懿行也③，过默者藏奸。

直不犯祸，和不害义。

圆融者无诡随之态④，精细者无苛察之心⑤，方正者无乖拂之失⑥，沉默者无阴险之术，诚笃者无椎鲁之累⑦，光明者无浅露之病，劲直者无径情之偏⑧，执持

①蓍龟：指卜筮。蓍草和龟甲是古代占卜的用具。 ②奥：房屋的西南角，是祭神的方位。灶：灶神所居之地。 ③懿行：善行。 ④诡随：不顾是非而妄随人意。 ⑤苛察：以烦琐苛刻为明察。 ⑥乖拂：乖戾悖逆。 ⑦椎鲁：鲁钝。 ⑧径情：任意。

增广贤文·格言联璧诵读本

者无拘泥之迹①，敏练者无轻浮之状②。

才不足则多谋，识不足则多事，威不足则多怒，信不足则多言，勇不足则多劳，明不足则多察，理不足则多辩，情不足则多仪。

私恩煦感③，仁之贼也；直往轻担④，义之贼也；足恭伪态⑤，礼之贼也；苛察歧疑⑥，智之贼也；苟约固守⑦，信之贼也。

有杀之为仁，生之为不仁者；有取之为义，与之为不义者；有卑之为礼，尊之为非礼者；有不知为智，知之为不智

①**执持**：执着。　②**敏练**：敏捷练达。　③**私恩**：私人的恩惠。**煦**：温暖。　④**直往**：指草率行事。
轻担：不担责任。　⑤**足恭**：过分恭敬。　⑥**歧疑**：多疑。　⑦**苟约**：随意约定。

者；有违言为信①，践言为非信者②。

愚忠愚孝，实能维天地纲常，惜不遇圣人裁成③，未尝入室④；大诈大奸，偏会建世间功业，倘非有英主驾驭，终必跳梁。

知其不可为而遂委心任之者，达人智士之见也；知其不可为而亦竭力图之者，忠臣孝子之心也。

小人只怕他有才，有才以济之，流害无穷；君子只怕他无才，无才以行之，虽贤何补。

---

①**违言**：违背诺言。　②**践言**：践行诺言。　③**裁成**：点拨，指点。**入室**：指学问达到深奥的境地。
④**跳梁**：猖狂，强横。

扫一扫 听音频

yǎng shēng lèi
养生类

慎风寒，节饮食，是从吾身上却病法；寡嗜欲，戒烦恼，是从吾心上却病法。

少思虑以养心气，寡色欲以养肾气，勿妄动以养骨气，戒嗔怒以养肝气，薄滋味以养胃气，省言语以养神气，多读书以养胆气，顺时令以养元气。

忧愁则气结，忿怒则气逆，恐惧则气陷，拘迫则气郁①，急遽则气耗②。

---

①拘迫：拘束，限制。郁：忧愁。　②急遽：急速。

xíng yù xú ér wěn　lì yù dìng ér gōng　zuò yù duān ér
行欲徐而稳，立欲定而恭，坐欲端而

zhèng　shēng yù dī ér hé
正，声欲低而和。

xīn shén yù jìng　gǔ lì yù dòng　xiōng huái yù kāi　jīn
心神欲静，骨力欲动，胸怀欲开，筋

hái yù yìng　jǐ liáng yù zhí　cháng wèi yù jìng　shé duān yù
骸欲硬，脊梁欲直，肠胃欲净，舌端欲

juǎn　jiǎo gēn yù dìng　ěr mù yù qīng　jīng hún yù zhèng
卷，脚跟欲定，耳目欲清，精魂欲正。

duō jìng zuò yǐ shōu xīn　guǎ jiǔ sè yǐ qīng xīn　qù
多静坐以收心，寡酒色以清心，去

shì yù yǐ yǎng xīn　wán gǔ xùn yǐ jǐng xīn　wù zhì lǐ yǐ
嗜欲以养心，玩古训以警心，悟至理以

míng xīn
明心。

chǒng rǔ bù jīng　gān mù zì níng①　dòng jìng yǐ jìng
宠辱不惊，肝木自宁①；动静以敬，

xīn huǒ zì dìng　yǐn shí yǒu jié　pí tǔ bú xiè　tiáo xī guǎ
心火自定；饮食有节，脾土不泄；调息寡

yán②　fèi jīn zì quán　tián dàn guǎ yù　shèn shuǐ zì zú
言②，肺金自全；恬淡寡欲，肾水自足。

dào shēng yú ān jìng　dé shēng yú bēi tuì③　fú shēng
道生于安静，德生于卑退③，福生

①肝木：五脏与五行相配，肝属木，心属火，脾属土，肺属金，肾属水。　②调息：调和气息。　③卑
退：谦让。

85

于清俭，命生于和畅。

天地不可一日无和气，人心不可一日无喜神。

"拙"字可以寡过，"缓"字可以免悔，"退"字可以远祸，"苟"字可以养福，"静"字可以益寿。

毋以妄心戕真心①，勿以客气伤元气②。

拂意处要遣得过③，清苦日要守得过，非理来要受得过，忿怒时要耐得过，嗜欲生要忍得过。

言语知节④，则愆尤少⑤；举动知节，

---

①戕：残害。　②客气：侵害人体的邪气。　③拂意：不顺意。　④知节：知道节制。　⑤愆尤：过失。

则悔吝少①；爱慕知节，则营求少；欢乐知节，则祸败少；饮食知节，则疾病少。

人知言语足以彰吾德，而不知慎言语乃所以养吾德；人知饮食足以益吾身，而不知节饮食乃所以养吾身。

闹时炼心，静时养心，坐时守心，行时验心，言时省心，动时制心。

荣枯倚伏②，寸田自开顺逆③，何须历问塞翁④；修短参差⑤，四体自造彭殇⑥，似难专咎司命⑦。

节欲以驱二竖⑧，修身以屈三彭⑨，安

---

①悔吝：悔恨。　②荣枯倚伏：指荣辱祸福相辅相成。　③寸田：心田。　④历问：遍问。塞翁：此指"塞翁失马"这一典故中的塞翁。　⑤修短参差：长短参差不齐。　⑥彭殇：寿夭。彭，彭祖，古代的长寿者。殇，年少身亡。　⑦司命：掌管人生死的神。　⑧二竖：指病魔。　⑨三彭：也叫"三尸""三虫"，是在人体内作祟、影响人修炼的三个神。

贫以听五鬼①，息机以弭六贼②。

衰后罪孽，都是盛时作的；老来疾病，都是壮年招的。

败德之事非一，而酗酒者德必败；

伤生之事非一，而好色者生必伤。

木有根则荣，根坏则枯；鱼有水则活，水涸则死；灯有膏则明，膏尽则灭③；

人有真精，保之则寿，戕之则夭④。

---

①五鬼：指智穷、学穷、文穷、命穷、交穷五个穷鬼。　②息机：消灭机心，使内心回归平淡自然。
六贼：佛教语，即色、声、香、味、触、法六尘。此六尘能以眼、耳、鼻、舌、身、意六根为媒介，劫掠"法财"，损害善性，故称"六贼"。　③膏：油脂。　④戕：损害。

敦品类

扫一扫 听音频

欲做精金美玉的人品，定从烈火中锻来；思立揭地掀天的事功①，须向薄冰上履过。

人以品为重，若有一点卑污之心，便非顶天立地汉子；品以行为主，若有一件愧怍之事②，即非泰山北斗品格。

人争求荣乎，就其求之之时，已极人间之辱；人争恃宠乎，就其恃之之时，已极人间之贱。

---

①揭地掀天：犹言翻天覆地。　②愧怍：惭愧。

丈夫之高华^①，只在于功名气节；鄙夫之炫耀，但求诸服饰起居^②。

阿谀取容，男子耻为妾妇之道；本真不凿，大人不失赤子之心。

君子之事上也，必忠以敬，其接下也，必谦以和；小人之事上也，必谄必媚，其待下也，必傲以忽^③。

立朝不是好舍人^④，自居家不是好处士^⑤；平素不是好处士，由小时不是好学生。

做秀才如处子^⑥，要怕人；既入仕如媳妇，要养人；归林下如阿婆^⑦，要教人。

---

①高华：高贵显要。　②诸："之于"的合音。　③忽：轻视，蔑视。　④舍人：官名。　⑤处士：此指未做官时的读书人。　⑥处子：处女。　⑦归林下：指退休赋闲在家。

贫贱时，眼中不著富贵①，他日得志
必不骄；富贵时，意中不忘贫贱，一旦退
休必不怨。

贵人之前莫言贱，彼将谓我求其荐；
富人之前莫言贫，彼将谓我求其怜。

小人专望人恩，恩过辄忘；君子不
轻受人恩，受则必报。

处众以和，贵有强毅不可夺之力；
持己以正，贵有圆通不可拘之权。

使人有面前之誉，不若使人无背后
之毁；使人有乍处之欢，不若使人无久处
之厌。

①著：即"着"。

增广贤文·格言联璧诵读本

媚若九尾狐，巧如百舌鸟，哀哉修此七尺之躯；暴同三足虎，毒比两头蛇，惜乎坏尔方寸之地。

到处伛偻①，笑伊首何仇于天，何亲于地？终朝筹算②，问尔心何轻于命，何重于财？

富儿因求宦倾资③，污吏以黩货失职④。

亲兄弟析箸⑤，璧合翻作瓜分⑥；士大夫爱钱，书香化为铜臭。

士大夫当为子孙造福，不当为子孙求福。谨家规，崇俭朴，教耕读，积阴

---

①伛偻：本指人弯腰驼背，此处指点头哈腰、低三下四地逢迎他人。　②筹算：算计。　③求宦：求做官。倾资：倾尽资产。　④黩货：贪污受贿。　⑤析箸：即分家。　⑥璧合：两璧相合，比喻美好的事物结合在一起。瓜分：如切瓜一样分开。

德，此造福也；广田宅，结姻缘，争什一①，鬻功名②，此求福也。造福者淡而长，求福者浓而短。

士大夫当为此生惜名，不当为此生市名③。敦诗书④，尚气节，慎取与⑤，谨威仪，此惜名也；竞标榜，邀权贵，务矫激⑥，习模棱⑦，此市名也。惜名者静而休，市名者躁而拙。

士大夫当为一家用财，不当为一家伤财。济宗党⑧，广束脩⑨，救荒歉⑩，助义举，此用财也；靡苑囿⑪，教歌舞，奢

---

①什一：十分之一，指微薄的利益。　②鬻：卖。　③市名：求取名声。　④敦：研究。　⑤取与：索取和给予。　⑥矫激：奇怪偏激，违背常情。　⑦模棱：模棱两可，指遇事不置可否。　⑧宗党：宗亲乡党。　⑨束脩：十条干肉，古时学生送给老师的礼物，此代指教育。　⑩荒歉：荒年歉收。　⑪苑囿：园林。

燕会①，聚宝玩，此伤财也。用财者损而盈，伤财者满而覆。

士大夫当为天下养身，不当为天下惜身。省嗜欲，减思虑，戒忿怒，节饮食，此养身也；规利害②，避劳怨，营窟宅③，守妻子，此惜身也。养身者啬而大④，惜身者膻而细⑤。

---

①燕会：即"宴会"。　②规：规划，谋划。　③窟宅：指房屋。　④啬：吝啬，不随便浪费财物。大：此指人格高大。下文的"细"即指人格渺小。　⑤膻：腥膻，指俗气。

处事类

处难处之事愈宜宽，处难处之人愈宜厚，处至急之事愈宜缓，处至大之事愈宜平，处疑难之际愈宜无意。

无事时，常照管此心，兢兢然若有事①；有事时，却放下此心，坦坦然若无事②。

无事如有事，提防才可弭意外之变③；有事如无事，镇定方可消局中之危。

当平常之日，应小事宜以应大事之心应之④，盖天理无小，即目前观之，便

---

①兢兢然：小心谨慎的样子。　②坦坦然：安定泰然的样子。　③弭：消除，止息。　④应：应对。

有一个邪正，不可忽慢苟简①，须审理之邪正以应之方可；及变故之来，处大事宜以处小事之心处之，盖人事虽大，自天理观之，只有一个是非，不可惊惶失措，但凭理之是非以处之便得。

缓事宜急干，敏则有功；急事宜缓办，忙则多错。

不自反者②，看不出一身病痛；不耐烦者，做不成一件事业。

日日行，不怕千万里；常常做，不怕千万事。

必有容，德乃大；必有忍，事乃济。

---

①忽慢苟简：轻慢草率。　②自反：自我反省。

过去事，丢得一节是一节；现在事，了得一节是一节；未来事，省得一节是一节。

强不知以为知，此乃大愚；本无事而生事，是谓薄福。

居处必先精勤①，乃能闲暇；凡事务求停妥②，然后逍遥③。

天下最有受用，是一闲字，然闲字要从勤中得来；天下最讨便宜，是一勤字，然勤字要从闲中做出。

自己做事，切须不可迁滞④，不可反复，不可琐碎；代人做事，极要耐得迁滞，

---

①**居处**：指日常生活。**精勤**：专心勤勉。　②**停妥**：停稳妥当。　③**逍遥**：安闲自在。　④**迁滞**：迂阔不通达。

耐得反复，耐得琐碎。

谋人事如己事，而后虑之也审；谋己事如人事，而后见之也明。

无心者公，无我者明。

置其身于是非之外，而后可以折是非之中；置其身于利害之外，而后可以观利害之变。

任事者，当置身利害之外；建言者，当设身利害之中。

无事时，戒一偷字；有事时，戒一乱字。

将事而能弭，遇事而能救，既事而能挽，此之谓达权①，此之谓才；未事而

①达权：通达权宜，随机应变。

知来，始事而要终，定事而知变，此之谓长虑①，此之谓识。

提得起，放得下，算得到，做得完，看得破，撇得开。

救已败之事者，如驭临崖之马，休轻策一鞭②；图垂成之功者，如挽上滩之舟，莫少停一棹③。

以真实肝胆待人，事虽未必成功，日后人必见我之肝胆；以诈伪心肠处事，人即一时受感，日后人必见我之心肠。

天下无不可化之人，但恐诚心未至；天下无不可为之事，只怕立志不坚。

---

①**长虑**：深谋远虑，长远打算。　②**策**：鞭打。　③**棹**：划船用的工具，与桨类似。

处人不可任己意，要悉人之情①；处

事不可任己见，要悉事之理。

见事贵乎明理，处事贵乎公心。

于天理汲汲者②，于人欲必淡；于私

事耽耽者③，于公务必疏；于虚文熠熠者④，

于本实必薄。

君子当事，则小人皆为君子，至此不

为君子，真小人也；小人当事，则中人皆

为小人，至此不为小人，真君子也。

居官先厚民风，处事先求大体。

论人当节取其长，曲谅其短⑤；做事

必先审其害，后计其利。

---

①悉：洞悉，明白。　②汲汲：急切的样子。　③耽耽：专注的样子。　④熠熠：闪烁的样子。
⑤曲谅：特加原谅。

小人处事，于利合者为利，于利背者为害；君子处事，于义合者为利，于义背者为害。

只人情世故熟了，甚么大事做不到①；只天理人心合了，甚么好事做不成。只一事不留心，便有一事不得其理；只一物不留心，便有一物不得其所。

事到手，且莫急，便要缓缓想；想得时，切莫缓，便要急急行。

事有机缘，不先不后，刚刚凑巧；命若蹭蹬②，走来走去，步步踏空。

---

①甚么：什么。　②蹭蹬：困顿不顺利。

增广贤文·格言联璧诵读本

jiē wù lèi
接物类

事属暧昧①，要思回护他②，著不得
一点攻讦的念头③；人属寒微，要思矜礼
他④，著不得一毫傲睨的气象⑤。

凡一事而关人终身，纵确见实闻，
不可著口；凡一语而伤我长厚，虽闲谈
酒谑⑥，慎勿形言⑦。

严著此心以拒外诱，须如一团烈
火，遇物即烧；宽著此心以待同群，须如
一片阳春，无人不暖。

---

①暧昧：含糊不清。　②回护：庇护。　③著：即"着"。攻讦：攻击别人的短处，揭发别人的隐私。
④矜礼：尊重，礼遇。　⑤傲睨：傲慢轻视。　⑥酒谑：酒后开玩笑。　⑦形言：表现在言辞上。

待己当从无过中求有过，非独进德，亦且免患；待人当于有过中求无过，非但存厚，亦且解怨。

事后而议人得失，吹毛索垢①，不肯丝毫放宽，试思己当其局，未必能效彼万一；旁观而论人短长，抉隐摘微②，不留些须余地，试思己受其毁，未必能安意顺承。

遇事只一味镇定从容，虽纷若乱丝，终当就绪③；待人无半毫矫伪欺诈，纵狡如山鬼，亦自献诚。

公生明，诚生明，从容生明。

①**吹毛索垢**：指故意挑人毛病，寻找差错。　②**抉隐摘微**：故意寻找别人细微的错误。抉，挑剔。摘，选取。　③**就绪**：安排妥当。

增广贤文·格言联璧诵读本

rén hào gāng　wǒ yǐ róu shèng zhī　　rén yòng shù　wǒ yǐ
人好刚，我以柔胜之；人用术，我以

chéng gǎn zhī　rén shǐ qì　wǒ yǐ lǐ qū zhī
诚感之；人使气，我以理屈之。

róu néng zhì gāng　yù chì zǐ ér bēn yù shī qí yǒng①
柔能制刚，遇赤子而贲育失其勇①；

nè néng qū biàn②　féng yīn zhě ér yí qín zhuō yú cí③
讷能屈辩②，逢喑者而仪秦拙于词③。

kùn tiān xià zhī zhì zhě　bú zài zhì ér zài yú　qióng
困天下之智者，不在智而在愚；穷

tiān xià zhī biàn zhě　bú zài biàn ér zài nè　fú tiān xià zhī yǒng
天下之辩者，不在辩而在讷；伏天下之勇

zhě　bú zài yǒng ér zài qiè
者，不在勇而在怯。

yǐ nài shì liǎo tiān xià zhī duō shì④　yǐ wú xīn xī tiān
以耐事了天下之多事④，以无心息天

xià zhī zhēng xīn
下之争心。

hé yǐ xī bàng　yuē wú biàn　hé yǐ zhǐ yuàn　yuē
何以息谤？曰无辩；何以止怨？曰

bù zhēng
不争。

rén zhī bàng wǒ yě　yǔ qí néng biàn　bù rú néng róng
人之谤我也，与其能辩，不如能容；

---

①赤子：婴儿。贲育：战国时的勇士孟贲和夏育。　②讷：语言迟钝。　③喑：哑。仪秦：指战国时期辩士张仪和苏秦。　④耐事：忍让处事。了：了结。

rén zhī wǔ wǒ yě，yǔ qí néng fáng，bù rú néng huà

人之侮我也，与其能防，不如能化。

shì fēi wō lǐ，rén yòng kǒu，wǒ yòng ěr；rè nào

是非窝里，人用口，我用耳；热闹

chǎng zhōng，rén xiàng qián，wǒ luò hòu

场中，人向前，我落后。

guān shì jiān jí è shì，zé yí jiù yí tè①，jìn kě

观世间极恶事，则一咎一慝①，尽可

yōu róng②；niàn gǔ lái jí yuān rén，zé yì huǐ yì rǔ，hé

优容②；念古来极冤人，则一毁一辱，何

xū jì jiào

须计较。

bǐ zhī lǐ shì，wǒ zhī lǐ fēi，wǒ ràng zhī；bǐ zhī

彼之理是，我之理非，我让之；彼之

lǐ fēi，wǒ zhī lǐ shì，wǒ róng zhī

理非，我之理是，我容之。

néng róng xiǎo rén，shì dà rén；néng péi bó dé，shì

能容小人，是大人；能培薄德，是

hòu dé

厚德。

wǒ bù shí hé děng wéi jūn zǐ，dàn kàn měi shì kěn chī

我不识何等为君子，但看每事肯吃

kuī de biàn shì；wǒ bù shí hé děng wéi xiǎo rén，dàn kàn měi shì

亏的便是；我不识何等为小人，但看每事

---

①咎：过错。　②慝：邪恶，恶念。优容：宽待，宽容。

增广贤文·格言联璧诵读本

好便宜的便是。

律身惟廉为宜，处世以退为尚。

以仁心存心，以勤俭作家，以忍让接物。

径路窄处①，留一步与人行；滋味浓底，减三分与人尝。

任难任之事，要有力而无气；处难处之人，要有知而无言②。

穷寇不可追也③，遁辞不可攻也④，贫民不可威也。

祸莫大于不仇人，而有仇人之辞色；耻莫大于不恩人，而作恩人之状态。

---

①径路：小路。 ②知：即"智"。 ③穷寇：势穷力竭的敌人。 ④遁辞：理屈词穷时用来搪塞的话。

善用威者不轻怒，善用恩者不妄施。

宽厚者，毋使人有所恃；精明者，不使人无所容。

事有知其当变，而不得不因者①，善救之而已矣；人有知其当退，而不得不用者，善驭之而已矣②。

轻信轻发，听言之大戒也；愈激愈厉，责善之大戒也。

处事须留余地，责善切戒尽言。

施在我有余之惠，则可以广德；留在人不尽之情，则可以全交。

增广贤文·格言联璧诵读本

---

①因：因循，随顺。　②驭：驾驭。

古人爱人之意多，故人易于改过，而视我也常亲，我之教益易行；今人恶人之意多，故人甘于自弃，而视我也常仇，我之言必不入。

喜闻人过，不若喜闻己过；乐道己善，何如乐道人善。

听其言，必观其行，是取人之道；师其言，不问其行，是取善之方。

论人之非，当原其心①，不可徒泥其迹②；取人之善，当据其迹，不必深究其心。

小人亦有好处，不可恶其人，并没其是③；君子亦有过差，不可好其人，并

①原：探究。 ②泥：拘泥。 ③没：隐没。

饰其非①。

小人固当远，然断不可显为仇敌②；

君子固当亲，然亦不可曲为附和③。

待小人宜宽，防小人宜严。

闻恶不可遽怒④，恐为谗夫泄忿⑤；闻

善不可就亲，恐引奸人进身。

先去私心，而后可以治公事；先平己

见，而后可以听人言。修己以清心为要⑥，

涉世以慎言为先⑦。

恶莫大于纵己之欲，祸莫大于言人

之非。

增广贤文·格言联璧诵读本

---

①饰：掩盖。 ②断：断然，绝对。 ③曲为附和：委曲求全，随声附和。 ④遽：骤然。 ⑤谗夫：指喜欢背后说别人坏话的人。泄忿：发泄愤恨。 ⑥修己：即修身，努力提高自己的品德修养。 ⑦涉世：经历世事。

人生惟酒色机关①，须百炼此身成铁汉②；世上有是非门户，要三缄其口学金人③。

工于论人者④，察己常阔疏⑤；狃于讦直者⑥，发言多弊病。

人情每见一人⑦，始以为可亲，久而厌生，又以为可恶，非明于理而复体之以情⑧，未有不割席者⑨；人情每处一境，始以为甚乐，久而生厌，又以为甚苦，非平其心而复济之以养，未有不思迁者⑩。

观富贵人，当观其气概⑪，如温厚和

①**机关**：指周密而巧妙的计谋。　②**铁汉**：这里指经得住诱惑的人。　③**缄**：封闭。**金人**：铜铸的人像。　④**工**：擅长。　⑤**阔疏**：宽松疏略。　⑥**狃**：因袭，拘泥。**讦直**：亢直敢言。　⑦**人情**：人之常情。　⑧**体**：设身处地为人着想。　⑨**割席**：古人称朋友绝交为"割席"。　⑩**思迁**：思想发生转变。　⑪**气概**：气魄。

píng zhě　　zé qí róng bì jiǔ　　ér qí hòu bì chāng　　guān pín
平者，则其荣必久，而其后必昌①；观贫

jiàn rén　dāng guān qí dù liàng　rú kuān hóng tǎn dàng zhě　zé
贱人，当观其度量，如宽宏坦荡者，则

qí fú bì zhēn　　ér qí jiā bì yù
其福必臻②，而其家必裕。

kuān hòu zhī rén　　wú shī yǐ yǎng liàng　　shèn mì zhī
宽厚之人，吾师以养量③；慎密之

rén　wú shī yǐ liàn shí　cí huì zhī rén　wú shī yǐ yù xià
人，吾师以炼识；慈惠之人，吾师以御下；

jiǎn yuē zhī rén　wú shī yǐ jū jiā　míng dào zhī rén　wú
俭约之人，吾师以居家；明道之人，吾

shī yǐ shēng huì　　zhì pǔ zhī rén　wú shī yǐ cáng zhuō
师以生惠④；质朴之人，吾师以藏拙；

cái zhì zhī rén　wú shī yǐ yìng biàn　jiān mò zhī rén　wú
才智之人，吾师以应变；缄默之人，吾

shī yǐ cún shén　qiān gōng shàn xià zhī rén　wú shī yǐ qīn shī
师以存神；谦恭善下之人，吾师以亲师

yǒu　　bó xué qiáng zhì zhī rén　　wú shī yǐ guǎng jiàn wén
友；博学强识之人，吾师以广见闻。

jū shì qí suǒ qīn　　fù shì qí suǒ yǔ　　dá shì qí
居视其所亲，富视其所与⑤，达视其

suǒ jǔ　　qióng shì qí suǒ bù wéi　　pín shì qí suǒ bù qǔ
所举⑥，穷视其所不为⑦，贫视其所不取。

---

①昌：兴盛。　②臻：到来。　③师：学习。　④惠：即"慧"。　⑤与：结交，交往。　⑥举：推举，举荐。
⑦穷：不得志。

取人之直，恕其戆①；取人之朴，恕其愚；取人之介②，恕其隘③；取人之敬，恕其疏④；取人之辩，恕其肆⑤；取人之信，恕其拘⑥。

遇刚鲠人⑦，须耐他戾气⑧；遇骏逸人⑨，须耐他妄气⑩；遇朴厚人⑪，须耐他滞气⑫；遇佻达人⑬，须耐他浮气⑭。

人褊急⑮，我受之以宽宏；人险仄⑯，我平之以坦荡。

持身不可太皎洁，一切污辱垢秽，要

①戆：傻，愣。　②介：耿直。　③隘：狭隘。　④疏：不亲近。　⑤肆：这里指不受拘束，放肆张扬。　⑥拘：拘泥，死板。　⑦刚鲠：刚强耿直。　⑧戾气：此处指暴躁的脾气。　⑨骏逸：指潇洒而不受拘束的人。　⑩妄气：纵情任性的态度。　⑪朴厚：纯朴忠厚。　⑫滞气：固执而不知变通的样子。　⑬佻达：轻薄，戏谑。达，放恣、欢跃的样子。　⑭浮气：虚浮不实的态度。　⑮褊急：心胸狭隘又性情急躁。　⑯险仄：阴险狡诈。

茹纳得^①；处世不可太分明，一切贤愚好丑，要包容得。

宇宙之大，何物不有？使择物而取之，安得别立宇宙，置此所舍之物；人心之广，何人不容？使择人而好之，安有别个人心，复容所恶之人。

德盛者，其心和平，见人皆可取，故口中所许可者众；德薄者，其心刻傲，见人皆可憎，故目中所鄙弃者众。

律己宜带秋风，处世须带春风。

爱人而人不爱，敬人而人不敬，君子必自反也^②；爱人而人即爱，敬人而人即

---

①茹纳：容纳。　②自反：自我反省。

敬，君子益加谨也。

人若近贤良，譬如纸一张，以纸包兰麝①，因香而得香；人若近邪友，譬如一枝柳，以柳贯鱼鳖②，因臭而得臭。

人未己知，不可急求其知；人未己合，不可急与之合。

落落者难合③，一合便不可离；欣欣者易亲④，乍亲忽然成怨。

能媚我者，必能害我，宜加意防之；肯规予者，必肯助予，宜倾心听之。

出一个大伤元气进士⑤，不如出一个能积阴德平民；交一个读破万卷邪士，

---

①兰麝：兰花、麝香。　②贯：穿，连。　③落落：孤傲的样子。　④欣欣：欢喜自得的样子。
⑤大伤元气：天所赋予的品性遭到破坏，指品德败坏。

bù rú jiāo yí gè bù shí yí zì duān rén
不如交一个不识一字端人①。

wú shì shí　mái cáng zhe xǔ duō xiǎo rén　duō shì shí
无事时，埋藏着许多小人；多事时，

shí pò le xǔ duō jūn zǐ
识破了许多君子。

yì zhǒng rén nán yuè yì nán shì　zhǐ shì dù liàng biǎn
一种人难悦亦难事，只是度量褊

xiá　bù shī wéi jūn zǐ　yì zhǒng rén yì shì yì yì yuè　zhǐ
狭，不失为君子；一种人易事亦易悦，只

shì tān wū ruǎn ruò　bù miǎn wéi xiǎo rén
是贪污软弱，不免为小人。

dà è duō cóng róu chù fú　shèn fáng mián lǐ zhī zhēn
大恶多从柔处伏，慎防绵里之针②；

shēn chóu cháng zì ài zhōng lái　yí fáng dāo tóu zhī mì
深仇常自爱中来，宜防刀头之蜜。

huì wǒ zhě xiǎo ēn　xié wǒ wéi shàn zhě dà ēn　hài wǒ
惠我者小恩，携我为善者大恩；害我

zhě xiǎo chóu　yǐn wǒ wéi bú shàn zhě dà chóu
者小仇，引我为不善者大仇。

wú shòu xiǎo rén sī huì　shòu zé ēn bù kě chóu　wú fàn
毋受小人私惠，受则恩不可酬；毋犯

shì fū gōng nù　fàn zé nù bù kě jiù
士夫公怒，犯则怒不可救。

①端人：品行端正的人。　②绵里之针：形容外貌看似柔弱，实际内心恶毒。

喜时说尽知心，到失喜须防发泄；恼

时说尽伤心，恐再好自觉羞惭。

盛喜中勿许人物，盛怒中勿答

人言。

顽石之中，良玉隐焉；寒灰之中，星

火寓焉。

静坐常思己过，闲谈莫论人非。

对痴人莫说梦话，防所误也；见短

人莫说矮话，避所忌也。

面谀之词①，有识者未必悦心；背后

之议，受憾者常至刻骨②。

攻人之恶毋太严，要思其堪受；教人

---

①面谀：当面奉承阿谀。　②受憾：受到议论而怨恨。刻骨：刻骨铭心。

以善毋过高，当使其可从。

互乡童子则进之①，开其善也；阙党
童子则抑之②，勉其学也。

不可无不可，一世之识；不可有不
可，一人之心。

事有急之不白者③，缓之或自明，毋
急躁以束其戾④；人有操之不从者⑤，纵之
或自化，毋操切以益其顽⑥。

遇矜才者⑦，毋以才相矜，但以愚敌
其才，便可压倒；遇炫奇者，毋以奇相
炫，但以常敌其奇，便可破除。

---

①互乡童子：指没有受到良好教育的学生。　②阙党童子：指受到良好教育的学生。　③白：明白。
④戾：违背，乖张。　⑤操：掌控，管理。从：听从。　⑥操切：处理事情过于鲁莽急躁。　⑦矜才：自以
为有才能而好夸耀。

直道事人，虚衷御物。

不近人情，举足尽是危机；不体物情，一生俱成梦境。

己性不可任，当用逆法制之，其道在一"忍"字；人性不可拂①，当用顺法调之，其道在一"恕"字。

仇莫深于不体人之私，而又苦之；祸莫大于不讳人之短，而又讦之。

辱人以不堪必反辱，伤人以已甚必反伤。

处富贵之时，要知贫贱的痛痒；值少壮之日，须念衰老的辛酸。

---

①拂：违背。

rù ān lè zhī chǎng dāng tǐ huàn nàn rén jǐng kuàng ① jū
入安乐之场，当体患难人景况①；居

páng guān zhī dì wù xī jú nèi rén kǔ xīn
旁观之地，务悉局内人苦心②。

dài rén sān zì fǎn chǔ shì liǎng rú hé
待人三自反，处世两如何。

dài fù guì rén bù nán yǒu lǐ ér nán yǒu tǐ dài pín
待富贵人，不难有礼而难有体；待贫

jiàn rén bù nán yǒu ēn ér nán yǒu lǐ
贱人，不难有恩而难有礼。

duì chóu rén wù lè duì kū rén wù xiào duì shī yì rén wù jīn
对愁人勿乐，对哭人勿笑，对失意人勿矜。

jiàn rén bèi yǔ wù qīng ěr qiè tīng rù rén sī shì
见人背语，勿倾耳窃听；入人私室，

wù cè mù páng guān dào rén àn tóu wù xìn shǒu luàn fān
勿侧目旁观；到人案头，勿信手乱翻。

bù dǎo wú rén zhī shì ③ bú rù yǒu shì zhī mén bù
不蹈无人之室③，不入有事之门，不

chǔ cáng wù zhī suǒ
处藏物之所。

sú yǔ jìn yú shì xiān yǔ jìn yú chāng ④ hùn yǔ jìn
俗语近于市，纤语近于娼④，诨语近

yú yōu ⑤
于优⑤。

增广贤文·格言联璧诵读本

---

①**体**：体谅，体察。　②**悉**：洞悉，明白。　③**蹈**：进入。　④**纤语**：挑逗的语言。　⑤**诨语**：诙谐逗趣的话。**优**：即优伶，古代以乐舞戏谑为业的艺人。

闻君子议论，如啜苦茗①，森严之后②，甘芳溢颊③；闻小人谄笑④，如嚼糖霜⑤，爽美之后，寒冱凝胸⑥。

凡为外所胜者，皆内不足；凡为邪所夺者，皆正不足。

存乎天者，于我无与也，穷通得丧，吾听之而已；存乎我者，于人无与也，毁誉是非，吾置之而已。

小人乐闻君子之过，君子耻闻小人之恶。

慕人善者，勿问其所以善，恐拟议之念生⑦，而效法之念微矣；济人穷者，勿问其所以穷，恐憎恶之心生，而恻隐之

---

①苦茗：苦茶。　②森严：此指茶的苦味。　③溢颊：充满口颊。　④谄笑：强笑以求媚。　⑤糖霜：即糖。　⑥寒冱：严寒。　⑦拟议：行动之前的考虑和议论。

xīn mǐn yǐ
心泯矣①。

shí qióng shì cù zhī rén　　dāng yuán qí chū xīn　　gōng
时 穷 势 蹙 之 人②，当 原 其 初 心③；功

chéng míng lì zhī shì　dāng guān qí mò lù
成 名 立 之 士，当 观 其 末 路。

zōng duō lì luàn　dìng yǒu bì bù dé yǐ zhī sī　yán dào
踪 多 历 乱，定 有 必 不 得 已 之 私；言 到

zhī lí　　cái shì wú kě nài hé zhī chù
支 离④，才 是 无 可 奈 何 之 处。

huì bú zài dà　zài hū dāng è　　yuàn bú zài duō　zài
惠 不 在 大，在 乎 当 厄⑤；怨 不 在 多，在

hū shāng xīn
乎 伤 心。

wú yǐ xiǎo xián shū zhì qī　wú yǐ xīn yuàn wàng jiù ēn
毋 以 小 嫌 疏 至 戚，毋 以 新 怨 忘 旧 恩。

liǎng huì wú bú shì zhī yuàn　liǎng qiú wú bù hé zhī jiāo
两 惠 无 不 释 之 怨，两 求 无 不 合 之 交，

liǎng nù wú bù chéng zhī huò
两 怒 无 不 成 之 祸。

gǔ zhī míng wàng xiāng jìn zé xiāng dé　jīn zhī míng
古 之 名 望 相 近 则 相 得，今 之 名

wàng xiāng jìn zé xiāng dù
望 相 近 则 相 妒。

①恻隐：同情，怜悯。　②穷：不得志。蹙：困窘，窘迫。　③原：探究。　④支离：烦琐而凌乱。
⑤当厄：正处在困厄中。

扫一扫 听音频

齐家类

qín jiǎn zhì jiā zhī běn hé shùn qí jiā zhī běn
勤俭，治家之本；和顺，齐家之本；

jǐn shèn bǎo jiā zhī běn shī shū qǐ jiā zhī běn zhōng xiào
谨慎，保家之本；诗书，起家之本；忠孝，

chuán jiā zhī běn
传家之本。

tiān xià wú bú shì de fù mǔ shì jiān zuì nán dé zhě
天下无不是底父母，世间最难得者

xiōng dì
兄弟。

yǐ fù mǔ zhī xīn wéi xīn tiān xià wú bù yǒu zhī xiōng
以父母之心为心，天下无不友之兄

dì yǐ zǔ zōng zhī xīn wéi xīn tiān xià wú bù zhī zhī zú rén
弟；以祖宗之心为心，天下无不知之族人；

yǐ tiān dì zhī xīn wéi xīn tiān xià wú bú ài zhī mín wù
以天地之心为心，天下无不爱之民物。

rén jūn yǐ tiān dì zhī xīn wéi xīn rén zǐ yǐ fù mǔ
人君以天地之心为心，人子以父母

zhī xīn wéi xīn tiān xià wú bù yī zhī xīn yǐ chén gōng yǐ cháo
之心为心，天下无不一之心矣；臣工以朝

tíng zhī shì wéi shì　nú pú yǐ jiā zhǔ zhī shì wéi shì　tiān xià
廷之事为事，奴仆以家主之事为事，天下

wú bù yī zhī shì yǐ
无不一之事矣。

xiào mò cí láo　zhuǎn yǎn biàn wéi rén fù mǔ　shàn wú
孝莫辞劳，转眼便为人父母；善毋

wàng bào　huí tóu dàn kàn ěr zǐ sūn
望报，回头但看尔子孙。

zǐ zhī xiào　bù rú shuài fù yǐ wéi xiào　fù néng yǎng
子之孝，不如率妇以为孝，妇能养

qīn zhě yě　gōng gū dé yī xiào fù　shèng rú dé yī xiào zǐ
亲者也，公姑得一孝妇，胜如得一孝子；

fù zhī xiào　bù rú dǎo sūn yǐ wéi xiào　sūn néng yú qīn zhě
妇之孝，不如导孙以为孝，孙能娱亲者

yě　zǔ fù dé yī xiào sūn　yòu zēng yī bèi xiào zǐ
也，祖父得一孝孙，又增一辈孝子。

fù mǔ suǒ yù wéi zhě　wǒ jì shù zhī①　fù mǔ suǒ
父母所欲为者，我继述之①；父母所

chóng niàn zhě②　wǒ qīn hòu zhī
重念者②，我亲厚之。

hūn ér lùn cái　jiū yě fū fù zhī dào sàng③　zàng ér
婚而论财，究也夫妇之道丧③；葬而

qiú fú　jiū yě fù zǐ zhī ēn jué
求福，究也父子之恩绝。

---

①继述：继承。　②重念：再三念及。　③究：终究。

123

君子有终身之丧，忌日是也；君子

有百世之养，邱墓是也①。

兄弟一块肉，妇人是刀锥；兄弟一

釜羹，妇人是盐梅。

兄弟和，其中自乐；子孙贤，此外何求。

心术不可得罪于天地，言行要留好

样与儿孙。

现在之福，积自祖宗者，不可不惜；

将来之福，贻于子孙者，不可不培。现在

之福如点灯，随点则随竭；将来之福如添

油，愈添则愈明。

问祖宗之泽，吾享者是，当念积累

---

①邱墓：坟墓。

zhī nán　　wèn zǐ sūn zhī fú　　wú yí zhě shì　　yào sī qīng fù
之难；问子孙之福，吾贻者是，要思倾覆

zhī yì
之易。

yào zhī qián shì yīn　　jīn shēng shòu zhě shì　　wú wèi zuó
要知前世因，今生受者是，吾谓昨

rì yǐ qián　　ěr zǔ ěr fù　　jiē qián shì yě　　yào zhī hòu shì
日以前，尔祖尔父，皆前世也；要知后世

yīn　　jīn shēng zuò zhě shì　　wú wèi jīn rì yǐ hòu　　ěr zǐ ěr
因，今生作者是，吾谓今日以后，尔子尔

sūn　　jiē hòu shì yě
孙，皆后世也。

zǔ zōng fù guì　　zì shī shū zhōng lái　　zǐ sūn xiǎng fù
祖宗富贵，自诗书中来，子孙享富

guì　　zé qì dú shū yǐ　　zǔ zōng jiā yè　　zì qín jiǎn zhōng
贵，则弃读书矣；祖宗家业，自勤俭中

lái　　zǐ sūn xiǎng jiā yè　　zé wàng qín jiǎn yǐ
来，子孙享家业，则忘勤俭矣。

jìn chù bù néng gǎn dòng　　wèi yǒu néng jí yuǎn zhě　　xiǎo
近处不能感动，未有能及远者；小

chù bù néng tiáo lǐ　　wèi yǒu néng zhì dà zhě　　qīn zhě bù néng lián
处不能调理，未有能治大者；亲者不能联

shǔ①　　wèi yǒu néng gé shū zhě②
属①，未有能格疏者②。

---

①**联属**：联合，联系。　②**格疏**：管理好关系疏远的人。

格言联璧　齐家类

增广贤文·格言联璧诵读本

yì jiā shēng lǐ bù néng quán bèi wèi yǒu néng ān yǎng
一家生理不能全备①，未有能安养

bǎi xìng zhě yì jiā zǐ dì bú shuài guī jǔ wèi yǒu néng jiào
百姓者；一家子弟不率规矩，未有能教

huì tā rén zhě
诲他人者。

zhì lè wú rú dú shū zhì yào mò rú jiào zǐ
至乐无如读书，至要莫如教子。

zǐ dì yǒu cái zhì qí ài wú chí qí huì gù bù
子弟有才，制其爱毋弛其诲②，故不

yǐ jiāo bài zǐ dì bú xiào yán qí huì wú bó qí ài gù
以骄败；子弟不肖，严其诲毋薄其爱，故

bù yǐ yuàn lí
不以怨离③。

yǔ zé guò rùn wàn wù zhī zāi yě ēn chóng guò lǐ
雨泽过润，万物之灾也；恩崇过礼，

chén qiè zhī zāi yě qíng ài guò yì zǐ sūn zhī zāi yě
臣妾之灾也；情爱过义，子孙之灾也。

ān xiáng gōng jìng shì jiào xiǎo ér dì yī fǎ gōng zhèng
安详恭敬，是教小儿第一法；公正

yán míng shì zuò jiā zhǎng dì yī fǎ
严明，是做家长第一法。

rén yì xīn xiān wú zhǔ zǎi rú hé zhěng lǐ de yì shēn
人一心先无主宰，如何整理得一身

①生理：即生活的所需。　②弛：放松。　③不以怨离：不因为抱怨而离去。

正当^①？人一身先无规矩，如何调剂得一家肃穆^②？

融得性情上偏私，便是大学问；消得家庭中嫌隙，便是大经纶^③。

遇朋友交游之失，宜剀切^④，不宜游移^⑤；处家庭骨肉之变，宜委曲^⑥，不宜激烈。

未有和气萃焉^⑦，而家不吉昌者；未有戾气结焉^⑧，而家不衰败者。

闺门之内不出戏言，则刑于之化行矣^⑨；房帏之中不闻戏笑，则相敬之风著矣。

---

①一身正当：自身言行公正、适当。　②一家肃穆：家人有礼有节，和睦得体。　③经纶：指治国安邦的才干。　④剀切：恳切规劝。　⑤游移：迟疑不决。　⑥委曲：曲意求全。　⑦萃：聚集。　⑧戾气：邪恶之气。　⑨刑于之化：以礼法对待，这里指夫妇和睦。刑，即"型"。

人之于嫡室也，宜防其蔽子之过；人之于继室也，宜防其诬子之过。

仆虽能，不可使与内事；妻虽贤，不可使与外事。

奴仆得罪于我者尚可恕，得罪于人者不可恕；子孙得罪于人者尚可恕，得罪于天者不可恕。

奴之不祥，莫过于传主人之谤语；主之不祥，莫大于信仆婢之谮言①。

治家严，家乃和；居乡恕，乡乃睦。治家忌宽，而尤忌严；居家忌奢，而尤忌啬。

无正经人交接，其人必是奸邪；无

---

①谮言：说别人的坏话。

穷亲友往来，其家必然势利。

日光照天，群物皆作，人灵于物，寐
而不觉①，是谓天起人不起，必为天神所
谴，如君上临朝，臣下高卧失误②，不免
罚责；夜漏三更，群物皆息，人灵于物，
烟酒沉溺，是谓地眠人不眠，必为地祇
所诃③，如家主欲睡，仆婢喧闹不休，定
遭鞭笞。

楼下不宜供神，虑楼上之秽亵④；屋
后必须开户⑤，防屋前之火灾。

①寐：睡眠。　②高卧：安卧。　③诃：即"呵"，呵斥，责备。　④秽亵：下流肮脏。　⑤户：门。

cóng zhèng lèi
从政类

眼前百姓即儿孙，莫谓百姓可欺，且留下儿孙地步；堂上一官称父母，漫道一官好做①，还尽些父母恩情。

善体黎庶情②，此谓民之父母；广行阴骘事③，以能保我子孙。

封赠父祖④，易得也，无使人唾骂父祖，难得也；恩荫子孙⑤，易得也，无使我毒害子孙，难得也。

洁己方能不失己，爱民所重在亲民。

----

①漫道：不要说。　②黎庶：黎民百姓。　③阴骘：默默行善的德行，亦称"阴德""阴功"。　④封赠：指因晚辈有功而赠予其长辈官职名分。　⑤恩荫：因上辈有功而给予下辈入学任官的待遇。

朝廷立法不可不严，有司行法不可
不恕。

严以驭役而宽以恤民①，极于扬善而
勇于去奸，缓于催科而勤于抚众②。

催科不扰，催科中抚众；刑罚不差，
刑罚中教化。

刑罚当宽处即宽，草木亦上天生
命；财用可省时便省，丝毫皆下民脂膏。

居家为妇女们爱怜，朋友必多怒色；
做官为衙门人欢喜，百姓定有怨声。

官不必尊显，期于无负君亲；道不必
博施，要在有裨民物③。禄岂须多，防满

_____

①驭役：这里指管理下属。恤民：体恤民众。　②催科：催收租税。　③有裨：有益。

则退；年不待暮，有疾便辞。

天非私富一人，托以众贫者之命；

天非私贵一人，托以众贱者之身。

住世一日，要做一日好人；为官一

日，要行一日好事。

贫贱人栉风沐雨①，万苦千辛，自家

血汗自家消受，天之鉴察犹恕；富贵人衣

税食租，担爵受禄，万民血汗一人消受，

天之督责更严。

平日诚以治民，而民信之，则凡有

事于民，无不应矣；平日诚以事天，而天

信之，则凡有祷于天，无不应矣。

---

①栉风沐雨：风梳发，雨洗头。形容人经常在外面不顾风雨地辛苦奔波。

平民肯种德施惠，便是无位底卿相；士夫徒贪权希宠①，竟成有爵底乞儿。

无功而食，雀鼠是已；肆害而食，虎狼是已。

毋矜清而傲浊，毋慎大而忽小，毋勤始而怠终。

勤能补拙，俭以养廉。

居官廉，人以为百姓受福，予以为锡福于子孙者不浅也②，曾见有约己裕民者，后代不昌大耶？居官浊，人以为百姓受害，予以为贻害于子孙者不浅也，曾

---

①希宠：希望得到宠爱。　②锡：即"赐"，赐给。

增广贤文·格言联璧诵读本

见有瘠众肥家者，历世得长久耶？

以林皋安乐懒散心做官①，未有不荒怠者；以在家治生营产心做官，未有不贪鄙者。

念念用之君民，则为吉士；念念用之套数②，则为俗吏；念念用之身家，则为贼臣。

古之从仕者养人，今之从仕者养己。古之居官也，在下民身上做工夫；今之居官也，在上官眼底做工夫。

在家者不知有官，方能守分；在官者不知有家，方能尽分。

---

①林皋：即林野和水岸之地，泛指山野。　②套数：程式，套路。

君子当官任职，不计难易，而志在济人，故动辄成功；小人苟禄营私，只任便安，而意在利己，故动多败事。

职业是当然底，每日做他不尽，莫要认作假；权势是偶然底，有日还他主者，莫要认作真。

一切人为恶，犹可言也，惟读书人不可为恶，读书人为恶，更无教化之人矣；一切人犯法，犹可言也，惟做官人不可犯法，做官人犯法，更无禁治之人也。

士大夫济人利物，宜居其实，不宜居其名，居其名则德损；士大夫忧国为民，当有其心，不当有其语，有其语则毁来。

以处女之自爱者爱身，以严父之教子者教士。执法如山，守身如玉，爱民如子，去蠹如仇①。

陷一无辜，与操刀杀人者何别；释一大憝②，与纵虎伤人者无殊。

针芒刺手，茨棘伤足③，举体痛楚④，刑惨百倍于此，可以喜怒施之乎？虎豹在前，坑阱在后，百般呼号，狱犴何异于此⑤，可使无辜坐之乎？

官虽至尊，决不可以人之生命佐己之喜怒；官虽至卑，决不可以己之名节佐人之喜怒。

---

①蠹：蛀虫，比喻侵蚀或消耗国家财富的人。　②大憝：大恶人。　③茨棘：蒺藜与荆棘。　④举体：全身。　⑤狱犴：牢狱。

听断之官①，成心必不可有；任事之官，成算必不可无。无关紧要之票②，概不标判，则吏胥无权③；不相交涉之人，概不往来，则关防自密。

无辜牵累难堪，非紧要，只须两造对质，保全多少身家；疑案转移甚大，无确据，便当末减从宽，休养几人性命。

呆子之患，深于浪子，以其终无转智；昏官之害，甚于贪官，以其狼藉及人。

官肯着意一分，民受十分之惠；上能吃苦一点，民沾万点之恩。

礼繁则难行，卒成废阁之书④；法繁

---

①听断：此指听讼断狱。　②票：政令，公文。　③吏胥：官府中的小吏。　④废阁：废除搁置。阁，即"搁"。

则易犯，益甚决裂之罪。

善启迪人心者，当因其所明而渐通之，毋强开其所闭；善移风易俗者，当困其所易而渐反之，毋强矫其所难。

非甚不便于民，且莫妄更；非大有益于民，则莫轻举。

情有可通，莫将旧有者过裁抑，以生寡恩之怨；事在得已，莫将旧无者妄增设，以开多事之门。

为前人者，无干誉矫情①，立一切不可常之法，以难后人；为后人者，无矜能露迹②，为一朝即改革之政，以苦前人。

①干誉矫情：故违常情，以求美誉。　②矜能：夸耀自己的才能。

事在当因，不为后人开无故之端；事
在当革，无使后人长不救之祸。

利在一身勿谋也，利在天下者谋之；
利在一时勿谋也，利在万世者谋之。

莫为婴儿之态，而有大人之器；莫为
一身之谋，而有天下之志；莫为终身之
计，而有后世之虑。

用三代以前见识，而不失之迂；就三
代以后家数①，而不邻于俗。

大智兴邦，不过集众思；大愚误国，
只为好自用。

吾爵益高，吾志益下；吾官益大，吾

①家数：指先人留下的可师法传授的经验。

心益小；吾禄益厚，吾施益博。

安民者何？无求于民，则民安矣；察吏者何？无求于吏，则吏察矣。

不可假公法以报私仇，不可假公法以报私德。天德只是个无我，王道只是个爱人。

惟有主，则天地万物自我而立；必无私，斯上下四旁咸得其平①。

治道之要，在知人；君德之要，在体仁②；御臣之要，在推诚③；用人之要，在择言；理财之要，在经制④；足用之要，在薄敛⑤；除寇之要，在安民。

①咸：都，全。　②体仁：躬行仁道。　③推诚：以诚心相待。　④经制：经理节制。　⑤薄敛：减轻赋税。

增广贤文·格言联璧诵读本

wèi yòng bīng shí　quán yào xū xīn yòng rén　jì yòng bīng
未用兵时，全要虚心用人；既用兵

shí　quán yào shí xīn huó rén
时，全要实心活人。

tiān xià bù kě yí rì wú jūn　gù yí qí fēi tāng
天下不可一日无君，故夷齐非汤

wǔ①　míng chén dào yě　bù rán　zé luàn chén jiē zhǒng ér nán
武①，明臣道也，不然，则乱臣接踵而难

wéi jūn②　tiān xià bù kě yí rì wú mín　gù kǒng mèng shì tāng
为君②；天下不可一日无民，故孔孟是汤

wǔ　míng jūn dào yě　bù rán　zé bào jūn jiē zhǒng ér nán
武，明君道也，不然，则暴君接踵而难

wéi mín
为民。

miào táng zhī shàng　yǐ yǎng zhèng qì wéi xiān③　hǎi yǔ
庙堂之上，以养正气为先③；海宇

zhī nèi　yǐ yǎng yuán qì wéi běn④　rén shēn zhī suǒ zhòng zhě
之内，以养元气为本④。人身之所重者

yuán qì　guó jiā zhī suǒ zhòng zhě rén cái
元气，国家之所重者人才。

---

①**夷齐**：指伯夷、叔齐，商朝末年的贤人。他们认为周武王既然是商的臣子，灭商便是不对的，故前去劝阻。武王不听，灭商后，二人不食周粟而死。　②**接踵**：连续不断。　③**正气**：指光明正大的作风。　④**元气**：这里指人的精神、精气。

141

惠言类

圣人敛福①，君子考祥②。

作德日休③，为善最乐。

开卷有益，作善降祥。

崇德效山，藏器学海④。

群居守口，独坐防心。

知足常乐，能忍自安。

穷达有命，吉凶由人。

以镜自照见形容⑤，以心自照见吉凶。

善为至宝，一生用之不尽；心作良

---

①敛：收集，聚集。　②考祥：长寿吉祥。　③休：吉庆，美善。　④藏器：隐才不露。　⑤形容：容貌体态。

田，百世耕之有余。

世事让三分，天空地阔；心田培一点，子种孙收。

要好儿孙，须方寸中放宽一步；欲成家业，宜凡事上吃亏三分。

留福与儿孙，未必尽黄金白镪①；种心为产业，由来皆美宅良田。

存一点天理心，不必责效于后②，子孙赖之；说几句阴骘话③，纵未尽施于人，鬼神鉴之。

非读书，不能入圣贤之域；非积德，不能生聪慧之儿。

---

①镪：成串的钱，这里借指银子。　②责效：求取成就。　③阴骘：犹阴德。

duō jī yīn dé　zhū fú zì zhì　shì qǔ jué yú tiān
多积阴德，诸福自至，是取决于天；

jìn lì nóng shì　jiā bèi shōu chéng　shì qǔ jué yú dì　shàn jiào
尽力农事，加倍收成，是取决于地；善教

zǐ sūn　hòu sì chāng dà　shì qǔ jué yú rén
子孙，后嗣昌大①，是取决于人。

shì shì péi yuán qì　qí rén bì shòu　niàn niàn cún běn
事事培元气，其人必寿；念念存本

xīn　qí hòu bì chāng
心，其后必昌。

wù wèi yí niàn kě qī yě　xū zhī yǒu tiān dì guǐ shén
勿谓一念可欺也，须知有天地鬼神

zhī jiàn chá　wù wèi yì yán kě qīng yě　xū zhī yǒu qián hòu zuǒ
之鉴察；勿谓一言可轻也，须知有前后左

yòu zhī qiè tīng　wù wèi yí shì kě hū yě　xū zhī yǒu shēn jiā
右之窃听；勿谓一事可忽也，须知有身家

xìng mìng zhī guān xì　wù wèi yì shí kě chěng yě　xū zhī yǒu
性命之关系；勿谓一时可逞也②，须知有

zǐ sūn huò fú zhī bào yìng
子孙祸福之报应。

rén xīn yí niàn zhī xié　ér guǐ zài qí zhōng yān　yīn
人心一念之邪，而鬼在其中焉，因

ér qī wǔ zhī　bō nòng zhī　zhòu jiàn yú xíng xiàng　yè jiàn yú
而欺侮之，播弄之③，昼见于形象，夜见于

---

①后嗣：子子孙孙。　②逞：逞能，肆行。　③播弄：摆布，戏弄。

梦魂，必酿其祸而后已，故邪心即是鬼，鬼与鬼相应，又何怪乎①？人心一念之正，而神在其中焉，因而鉴察之，呵护之，上至于父母，下至于儿孙，必致其福而后已，故正心即是神，神与神相亲，又何疑乎？

终日说善言，不如做了一件；终身行善事，须防错了一件。

物力艰难，要知吃饭穿衣，谈何容易；光阴迅速，即使读书行善，能有几多。

只字必惜①，贵之根也；粒米必珍，富之源也；片言必谨，福之基也；微命必

---

①只字必惜：古代读书人把写过字的纸片收拢起来一齐焚化，认为这是对学问的呵护。

护，寿之本也。

作践五谷，非有奇祸，必有奇穷；爱惜只字，不但显荣，亦当延寿。

茹素非圣人教也①，好生则上天意也。

仁厚刻薄，是修短关②；谦抑盈满③，是祸福关；勤俭奢侈，是贫富关；保养纵欲，是人鬼关。

造物所忌，日刻日巧；万类相感，以诚以忠。做人无成心，便带福气；做事有结果，亦是寿征④。

执拗者福轻，而圆通之人其福必厚；急躁者寿夭，而宽宏之士其寿必长。

---

①茹素：吃素食。　②修短：长短。　③谦抑：谦逊。盈满：自满。　④寿征：长寿的征兆。

谦卦六爻皆吉①，恕字终身可行。

作本色人，说根心话②，干近情事。

一点慈爱，不但是积德种子，亦是积福根苗，试看哪有不慈爱底圣贤？一念容忍，不但是无量德器，亦是无量福田，试看哪有不容忍底君子？

好恶之念，萌于夜气③，息之于静也；恻隐之心④，发于乍见⑤，感之于动也。

塑像栖神，盍归奉亲⑥？造院居僧，盍往救贫？

费千金而结纳豪势，孰若倾半瓢之

---

①谦卦：《周易》六十四卦之一，主旨是告诫人们要时刻保持谦虚谨慎的态度，只有这样才能平安吉祥。　②根心：内心。　③夜气：儒家所谓晚上静思时所产生的良知善念。　④恻隐：怜悯，同情。⑤乍见：突然看见。　⑥盍："何不"的合音。

粟以济饥饿？构千楹而招来宾客①，何如

葺数椽之茅以庇孤寒②？

悯济人穷，虽分文升合，亦是福田；

乐与人善，即只字片言，皆为良药。

谋占田园，决生败子；尊崇师傅，定

产贤郎。

平居寡欲养身，临大节则达生委命③；

治家量入为出，干好事则仗义轻财。

善用力者就力④，善用势者就势，善

用智者就智，善用财者就财。

身世多险途，急需寻求安宅；光阴

同过客，切莫汨没主翁⑤。

---

①楹：堂屋前的柱子，代指房屋。 ②葺：修理房屋。椽：屋顶上的木条，此处为房屋数量的代称。庇：
庇护。 ③达生委命：参透人生，听任命运安排。 ④就：凭借。 ⑤汨没：淹没。主翁：指自己。

莫忘祖父积阴功，须知文字无权①，全凭阴骘②；最怕生平坏心术，毕竟主司有眼③，如见心田。

天下第一种可敬人，忠臣孝子；天下第一种可怜人，寡妇孤儿。孝子百世之宗，仁人天下之命。

形之正，不求影之直而影自直；声之平，不求响之和而响自和；德之崇，不求名之远而名自远。

有阴德者，必有阳报；有隐行者，必有昭名④。

施必有报者，天地之定理，仁人述之

---

①无权：没有权力，不起作用。　②阴骘：阴德。　③主司：主考官。　④昭名：显著的名声。

以劝人；施不望报者，圣贤之盛心，君子存之以济世。

面前的道路要放得宽，使人无不平之叹；身后的惠泽要流得远，令人有不匮之思。

不可不存时时可死之心，不可不行步步求生之事。作恶事，须防鬼神知；干好事，莫怕旁人笑。

吾本薄福人，宜行惜福事；吾本薄德人，宜行积德事。薄福者必刻薄，刻薄则福愈薄矣；厚福者必宽厚，宽厚则福益厚矣。

有工夫读书，谓之福；有力量济人，

谓之福;有著述行世,谓之福;有聪明浑

厚之见,谓之福;无是非到耳,谓之福;

无疾病缠身,谓之福;无尘俗撄心①,谓

之福;无兵凶荒歉之岁,谓之福。

从热闹场中,出几句清冷言语,便

扫除无限杀机;向寒微路上,用一点赤

热心肠,自培植许多生意。

入瑶树琼林中皆宝,有谦德仁心者

为祥。

谈经济外,宁谈艺术,可以给用②;谈

日用外,宁谈山水,可以息机③;谈心性

外,宁谈因果,可以劝善。

---

①撄心:扰乱心神。　②给用:供给备用。　③息机:消除机心。

艺花可以邀蝶①，垒石可以邀云②，栽松可以邀风，植柳可以邀蝉，贮水可以邀萍，筑台可以邀月，种蕉可以邀雨，藏书可以邀友，积德可以邀天。

作德日休，是谓福地；居易俟命③，是谓洞天④。

心地上无波涛，随在皆风恬浪静；性天中有化育，触处见鱼跃鸢飞。

贫贱忧戚，是我分内事，当动心忍性⑤，静以俟之，更行一切善，以斡转之⑥；富贵福泽，是我分外事，当保泰持盈⑦，慎

①艺：种植。　②垒：堆积。　③居易：犹平安，平易。俟：等待。　④洞天：通常与前句的"福地"连用，指仙家的居所，这里指生活幸福之处。　⑤动心忍性：指不顾外界阻力，坚持下去。　⑥斡转：运转。　⑦保泰持盈：保持安定兴盛的局面。

格言联璧　惠言类

以守之，更造一切福，以凝承之①。

世网哪能跳出②，但当忍性耐心，自安义命③，即网罗中之安乐窝也；尘务岂能尽捐，惟不起炉作灶④，自取纠缠，即火坑中之清凉散也⑤。

热不可除，而热恼可除，秋在清凉台上；穷不可遣，而穷愁可遣，春生安乐窝中。

富贵贫贱，总难称意，知足即为称意；山水花竹，无恒主人，得闲便是主人。

要足何时足，知足便足；求闲不得闲，偷闲即闲。

---

①凝承：巩固、继承。　②世网：指社会上的道德、法律对人的束缚。　③义命：指本分。　④起炉作灶：指另起炉灶，另搞一套。　⑤清凉散：一种能清热的药。

知足常足，终身不辱；知止常止，终身不耻。

急行缓行，前程总有许多路；逆取顺取，命中只有这般财。

理欲交争①，肺腑成为吴越②；物我一体，参商终是弟兄③。

以积货财之心积学问，以求功名之心求道德，以爱妻子之心爱父母，以保爵位之心保国家。

移作无益之费以作有益，则事举；移乐宴乐之时以乐讲习，则智长；移信异端

---

①**理欲**：公理和私欲。　②**肺腑**：比喻关系极亲近。**吴越**：春秋时相邻的吴国和越国，二者经常打仗。比喻仇敌。　③**参商**：参、商二星此出彼没，两不相见。比喻人分离不得相见，也比喻不能和谐相处。

之意以信圣贤①，则道明；移好财色之心以好仁义，则德立；移计利害之私以计是非，则义精；移养小人之禄以养君子，则国治；移输和戎之赀以输军国②，则兵足；移保身家之念以保百姓，则民安。

做大官底是一样家数，做好人底是一样家数③。

潜居尽可以为善④，何必显宦？躬行孝弟⑤，志在圣贤，纂述先哲格言，刊刻广布，行见化行一时，泽流后世，事业之不朽，蔑以加焉；贫贱尽可以积福，何必富贵？存平等心，行方便事，效法前人懿

①异端：指非正统的思想学说。　②输：输送。和戎之赀：和亲所花费的钱财。　③家数：家法传统。
④潜居：隐居。　⑤弟：即"悌"。

xíng ，xùn sú xíng fāng ，zì rán yì dūn zōng zú ，dé bèi xiāng

行①，训俗型方②，自然谊敦宗族，德被乡

lín ，lì jì zhī wú qióng ，shú dà yú shì 。

邻，利济之无穷，孰大于是。

yì shí quàn rén yǐ kǒu ，bǎi shì quàn rén yǐ shū 。

一时劝人以口，百世劝人以书。

jìng yǐ xiū shēn ，jiǎn yǐ yǎng dé ；rù zé dǔ xíng ，chū

静以修身，俭以养德；入则笃行③，出

zé yǒu xián 。

则友贤④。

dú shū zhě bú jiàn ，shǒu tián zhě bù jī ，jī dé zhě bù

读书者不贱，守田者不饥，积德者不

qīng ，zé jiāo zhě bú bài 。

倾，择交者不败。

míng jìng zhǐ shuǐ yǐ chéng xīn ，tài shān qiáo yuè yǐ

明镜止水以澄心，泰山乔岳以

lì shēn ，qīng tiān bái rì yǐ yìng shì ，jì yuè guāng fēng yǐ

立身，青天白日以应事，霁月光风以

dài rén 。

待人。

shěng fèi yī pín ，tán qín yī zào ，dú wò yī yín ，suí

省费医贫，弹琴医躁，独卧医淫，随

yuán yī chóu ，dú shū yī sú 。

缘医愁，读书医俗。

---

①懿行：美好的德行。 ②训俗型方：使世俗风气得到教化。 ③入：指在家。笃行：切实履行。
④出：指外出。友贤：结交贤人。

以鲜花视美色，则孽障自消；以流水听弦歌，则性灵何害。

养德宜操琴，炼智宜弹棋，遣情宜赋诗，辅气宜酌酒，解事宜读史，得意宜临书，静坐宜焚香，醒睡宜嚼茗，体物宜展画①，适境宜按歌，阅候宜灌花②，保形宜课药③，隐心宜调鹤，孤况宜闻蛩④，涉趣宜观鱼，忘机宜饲雀，幽寻宜藉草⑤，淡味宜掬泉⑥，独立宜望山，闲吟宜倚楼，清谈宜翦烛⑦，狂啸宜登台，逸兴宜投壶⑧，结想宜欹枕⑨，息缘宜闭户⑩，探

---

①**体物**：描摹事物。　②**阅候**：观察时令变化。　③**课药**：学习医药常识。　④**蛩**：蟋蟀。　⑤**藉草**：指踏青。　⑥**掬**：捧。　⑦**翦**：即"剪"。　⑧**投壶**：古代宴会饮酒时的一种游戏。参加宴会的人依次以矢投入特制的壶中，中多者为胜，负者饮酒。　⑨**结想**：专心思考。**欹**：倚靠。　⑩**息缘**：摆脱世务。

景宜携囊，爽致宜临风，愁怀宜仁月，倦游宜听雨，元悟宜对雪①，辟寒宜映日②，空累宜看云，谈道宜访友，福厚宜积德。

---

①**元悟**：大彻大悟。　②**辟寒**：即"避寒"。

悖凶类
bèi xiōng lèi

扫一扫 听音频

富贵家不肯从宽，必遭横祸①；聪
明人不肯学厚，必夭天年。

倚势欺人，势尽而为人欺；恃财侮
人，财散而受人侮。

暗里算人者，算的是自家儿孙；空
中造谤者，造的是本身罪孽。

饱肥甘②，衣轻暖，不知节者损福；
广积聚，骄富贵，不知止者杀身。

文艺自多，浮薄之心也；富贵自雄，

---

①横祸：意外的灾祸。　②肥甘：指美味的东西。

卑陋之见也。

位尊身危，财多命殆。

机者，祸福所由伏，人生于机，即死于机也；巧者，鬼神所最忌，人有大巧，必有大拙也。

出薄言，做薄事，存薄心，种种皆薄，未免灾及其身；设阴谋，积阴私，伤阴骘，事事皆阴，自然殃流后代。

积德于人所不知，是谓阴德，阴德之报，较阳德倍多；造恶于人所不知，是谓阴恶，阴恶之报，较阳恶加惨①。

家运有盛衰，久暂虽殊，消长循

①加：更。

环如昼夜；人谋分巧拙，智愚各别，鬼神彰瘅最严明①。

天堂无路，则已有君子登；地狱无门，则已有小人入。

为恶畏人知，恶中冀有转念；为善欲人知，善处即是恶根。

谓鬼神之无知，不应祈福；谓鬼神之有知，不当为非。

势可为恶而不为，即是善；力可行善而不行，即是恶。

于福作罪，其罪非轻；于苦作福，其福最大。

---

①**彰瘅**：表彰与憎恨。

xíng shàn rú chūn yuán zhī cǎo　bú jiàn qí zhǎng　rì yǒu
行善如春园之草，不见其长，日有

suǒ zēng　xíng è rú mó dāo zhī zhuān　bú jiàn qí xiāo　rì yǒu
所增；行恶如磨刀之砖，不见其消，日有

suǒ sǔn
所损。

shǐ wéi shàn ér fù mǔ nù zhī　xiōng dì yuàn zhī　zǐ
使为善而父母怒之，兄弟怨之，子

sūn xiū zhī　zōng zú xiāng dǎng jiàn wù zhī　rú cǐ ér bù
孙羞之，宗族乡党贱恶之，如此而不

wéi shàn　kě yě　wéi shàn zé fù mǔ ài zhī　xiōng dì yuè
为善，可也。为善则父母爱之，兄弟悦

zhī　zǐ sūn róng zhī　zōng zú xiāng dǎng jìng xìn zhī　hé kǔ
之，子孙荣之，宗族乡党敬信之，何苦

ér bù wéi shàn　shǐ wéi è ér fù mǔ ài zhī　xiōng dì yuè
而不为善？使为恶而父母爱之，兄弟悦

zhī　zǐ sūn róng zhī　zōng zú xiāng dǎng jìng xìn zhī　rú cǐ
之，子孙荣之，宗族乡党敬信之，如此

ér wéi è　kě yě　wéi è zé fù mǔ nù zhī　xiōng dì
而为恶，可也。为恶则父母怒之，兄弟

yuàn zhī　zǐ sūn xiū zhī　zōng zú xiāng dǎng jiàn wù zhī　hé
怨之，子孙羞之，宗族乡党贱恶之，何

kǔ ér bì wéi è
苦而必为恶？

wéi shàn zhī rén　fēi dú qí zōng zú qīn qī ài zhī　péng
为善之人，非独其宗族亲戚爱之，朋

友乡党敬之，虽鬼神亦阴相之①；为恶
之人，非独其宗族亲戚叛之，朋友乡党
怨之，虽鬼神亦阴殛之②。

为一善而此心快惬③，不必自言，而
乡党称誉之，君子敬礼之，鬼神福祚之
④，身后传诵之；为一恶而此心愧怍⑤，虽
欲掩护，而乡党传笑之，王法刑辱之，
鬼神灾祸之，身后指说之。

一命之士⑥，苟存心于爱物，于人必
有所济；无用之人，苟存心于利己，于人
必有所害。

膏粱积于家⑦，而剥削人之糠覈⑧，

增广贤文·格言联璧诵读本

---

①阴相：暗中保护。　②阴殛：暗中诛戮。　③快惬：愉快惬意。　④福祚：赐福。　⑤愧怍：惭愧。
⑥一命：最低一级的官。　⑦膏粱：指肥美的食物。　⑧糠覈：指粗劣的食物。

终必自亡其膏粱；文绣充于室，而攘以
人之敝裘①，终必自丧其文绣②。

天下无穷大好事，皆由于轻利之一
念，利一轻，则事事悉属天理，为圣为
贤，从此进基③；天下无穷不肖事，皆由
于重利之一念，利一重，则念念皆违人
心，为盗为跖④，从此直入。

清欲人知，人情之常，今吾见有贪
欲人知者矣，朵其颐⑤，垂其涎⑥，惟恐人
误视为灵龟而不饱其欲也；善不自伐⑦，
盛德之事，今吾见有自伐其恶者矣，张
其牙，露其爪，惟恐人不识为猛虎而不

①**文绣**：指精美的衣服。　②**攘**：侵占。**敝裘**：指破旧的衣服。　③**进基**：奠定基础。　④**为盗为跖**：泛指成为盗贼。　⑤**朵其颐**：鼓起其腮帮吃东西。　⑥**涎**：口水。　⑦**自伐**：自我夸耀。

畏其威也。

以奢为有福，以杀为有禄，以淫为有缘，以诈为有谋，以贪为有为，以吝为有守，以争为有气，以嗔为有威，以赌为有技，以讼为有才。

谋馆如鼠①，得馆如虎，鄙主人而薄弟子者，塾师之无耻也②；卖药如仙，用药如颠③，贼人命而诿天数者④，医师之无耻也；觅地如瞽⑤，谈地如舞，矜异传而谤同道者，地师之无耻也⑥。

不可信之师，勿以私情荐之，使人托以子弟；不可信之医，勿以私情荐之，使

---

①谋馆：谋求教职。馆，指塾师教书的地方。 ②塾师：私塾老师。 ③颠：即"癫"，精神错乱。
④贼：伤害。诿：推诿。天数：天命。 ⑤瞽：失明。 ⑥地师：风水先生。

rén tuō yǐ shēng mìng　　bù kě xìn zhī kān yú　　wù yǐ sī qíng
人托以生命；不可信之堪舆①，勿以私情

jiàn zhī　　shǐ rén tuō yǐ xiān hái　　bù kě xìn zhī nǚ　　wù yǐ
荐之，使人托以先骸②；不可信之女，勿以

sī qíng méi zhī　　shǐ rén tuō yǐ zōng sì
私情媒之，使人托以宗嗣③。

sì ào zhě nà wǔ　　huì guò zhě zhǎng è　　tān lì
肆傲者纳侮④，讳过者长恶⑤，贪利

zhě hài jǐ　　zòng yù zhě qiāng shēng
者害己，纵欲者戕生⑥。

yú tūn ěr　　é pū huǒ　　wèi dé ér xiān sàng qí shēn
鱼吞饵，蛾扑火，未得而先丧其身；

xīng zuì lǐ⑦　　wén bǎo xuè　　yǐ dé ér suí wáng qí shēn　　cí shí
猩醉醴⑦，蚊饱血，已得而随亡其身；鹚食

yú　　fēng niàng mì　　suī dé ér bù xiǎng qí lì
鱼，蜂酿蜜，虽得而不享其利。

yù bù chú　　sì é pū dēng　　fén shēn nǎi zhǐ　　tān bù
欲不除，似蛾扑灯，焚身乃止；贪不

liǎo　　rú xīng shì jiǔ　　biān xuè fāng xiū
了，如猩嗜酒，鞭血方休。

míng xīng lǎng yuè　　hé chù bù kě áo xiáng　　ér fēi é
明星朗月，何处不可翱翔？而飞蛾

dú qū dēng yàn　　jiā huì qīng quán　　hé chù bù kě yǐn zhuó　　ér
独趋灯焰；嘉卉清泉，何处不可饮啄？而

①堪舆：指风水先生。　②先骸：先人的尸骨。　③宗嗣：子孙后代。　④纳：招致。　⑤长：助长。
⑥戕：贼害。　⑦醴：代指酒。

166

蝇蚊争嗜腥膻。

飞蛾死于明火，故有奇智者，必有奇殃；游鱼死于芳纶①，故有善嗜者，必有美毒。

慨夏畦之劳劳②，秋毫无补③；笑冬烘之贸贸④，春梦方回。

吉人无论处世平和，即梦寐神魂，无非生意；凶人不但作事乖戾⑤，即声音笑貌，浑是杀机。

仁人心地宽舒，事事有宽舒气象，故福集而庆长；鄙夫胸怀苛刻，事事以苛刻为能，故禄薄而泽短。

①芳纶：指钓鱼线。　②夏畦：夏天对畦田的灌溉、治理。　③秋毫：鸟兽在秋天新长的细毛，比喻微小的事物。　④冬烘：懵懂浅陋之人。贸贸：眼睛不明的样子。　⑤乖戾：乖张，不合情理。

充一个公己公人心，便是吴越一

家；任一个自私自利心，便是父子仇雠①。

理以心为用，心死于欲则理灭，如根

株斩而本亦坏也；心以理为本，理被欲害

则心亡，如水泉竭而河亦干也。

鱼与水相合，不可离也，离水则鱼

槁矣；形与气相合，不可离也，离气则形

坏矣；心与理相合，不可离也，离理则心

死矣。

天理是清虚之物②，清虚则灵，灵则活；

人欲是渣滓之物，渣滓则蠢③，蠢则死。

毋以嗜欲杀身，毋以货财杀子孙，毋

---

①仇雠：仇人，对头。　②清虚：清静虚无。　③渣滓：杂质，糟粕。

以政事杀百姓，毋以学术杀天下后世。

毋执去来之势而为权，毋固得丧之位而为宠，毋恃聚散之财而为利，毋认离合之形而为我。

贪了世味的滋益①，必招性分的损②；讨了人事的便宜，必吃天道的亏。

精工言语，于行事毫不相干；照管皮毛，与性灵有何关涉。

荆棘满野，而望收嘉禾者愚；私念满胸，而欲求福应者悖。

庄敬非但日强也，凝心静气，觉分阴寸晷③，倍自舒长；安肆非但日偷也④，

①世味：人情滋味。　②性分：天性，本性。　③分阴寸晷：一分光阴一寸日影，指时间短暂。
④安肆：安逸放纵。日偷：日渐衰落。

意纵神驰，虽累月经年，亦形迅驶。

自家过恶自家省，待祸败时，省已迟矣；自家病痛自家医，待死亡时，医已晚矣。

多事为读书第一病，多欲为养生第一病，多言为涉世第一病，多智为立心第一病，多费为持家第一病。

今之用人，只怕无去处，不知其病根在来处；今之理财，只怕无来处，不知其病根在去处。

贫不足羞，可羞是贫而无志；贱不足恶，可恶是贱而无能；老不足叹，可叹是老而无成；死不足悲，可悲是死而无补。

事到全美处，怨我者难开指摘之端；

行到至污处，爱我者莫施掩护之法。

衣垢不涴①，器缺不补，对人犹有惭色；行垢不涴②，德缺不补，对天岂无愧心。

供人欣赏，侪风月于烟花③，是曰亵天；逞人机锋④，借诗书以戏谑，是名侮圣。

罪莫大于亵天，恶莫大于无耻，过莫大于多言。

言语之恶，莫大于造诬；行事之恶，莫大于苛刻；心术之恶，莫大于深险。

①衣垢：衣服上的污垢。涴：洗涤。 ②行垢：行为上的污垢。 ③侪：等同。 ④机锋：机敏的才思。

tán rén zhī shàn　　zé yú gāo mù　　bào rén zhī è　　tòng

谈人之善，泽于膏沐；暴人之恶，痛

yú gē máo

于戈矛。

dāng è zhī shī　　gān yú shí yǔ　　shāng xīn zhī yǔ　　dú

当厄之施，甘于时雨；伤心之语，毒

yú yīn bīng

于阴冰。

yīn yán jī yǔ zhī xiǎn qí　　kě yǐ xiǎng wéi wén jìng　　bù

阴岩积雨之险奇，可以想为文境，不

kě shè wéi xīn jìng　　huá lín yìng rì zhī qǐ lì　　kě yǐ jiǎ wéi

可设为心境；华林映日之绮丽，可以假为

wén qíng　　bù kě yǐ wéi shì qíng

文情，不可以为世情。

cháo fǔ xǐ ěr yǐ míng gāo　　yú yǐ wéi ěr qí dòu

巢父洗耳以鸣高①，予以为耳其窦

yě　　qí yán yǐ rù yú xīn yǐ　　dāng pōu xīn ér huàn zhī

也②，其言已入于心矣，当剖心而浣之③；

chén zhòng chū wā yǐ shì jié　　yú yǐ wéi wā qí zǐ yě　　qí

陈仲出哇以示洁④，予以为哇其滓也，其

wèi yǐ rù yú cháng yǐ　　dāng kuī cháng ér dí zhī

味已入于肠矣，当刲肠而涤之⑤。

---

①巢父洗耳：当为"许由洗耳"之误。许由、巢父皆为上古隐士，帝尧想把天下让给许由，许由认为这话玷污了他，便跑到河边洗耳朵，而巢父认为河流都被污染了，甚至不让他的小牛喝这河的水。②窦：洞，孔。　③浣：洗。　④陈仲出哇：战国时齐人陈仲以生活自律闻名，因误食他兄长的鹅肉，故出门将鹅肉吐出。哇，吐。　⑤刲：割。涤：洗涤。

诋缁黄之背本宗①，或衿带坏圣贤名教；詈青紫之忘故友②，乃衡茅伤骨肉天伦③。

炎凉之态，富贵甚于贫贱；嫉妒之心，骨肉甚于外人。

兄弟争财，父遗不尽不止；妻妾争宠，夫命不死不休。受连城而代死④，贪者不为，然死利者何须连城？携倾国以待殂⑤，淫者不敢，然死色者何须倾国？

病危乌获⑥，虽童子制梃可挞⑦；臭腐王嫱⑧，惟狐狸钻穴相窥。

---

①诋：诋毁。缁黄：僧道的代称。和尚穿缁服，道士戴黄冠，故称。　②詈：谩骂。青紫：指高官显爵。
③衡茅：以横木为门的茅草房，极言其贫穷简陋。　④连城：形容价值极高的宝物。　⑤倾国：指美人。
待殂：等死。　⑥乌获：战国时候的大力士。　⑦梃：棍棒。挞：鞭打。　⑧王嫱：王昭君，中国古代四
大美人之一。

圣人悲时悯俗，贤人痛世疾俗，众人混世逐俗，小人败常乱俗。

读书为身上之用，而人以为纸上之用；做官乃造福之地，而人以为享福之地；壮年正勤学之日，而人以为养安之日；科第本消退之根，而人以为长进之根。

盛者衰之始，福者祸之基。福莫大于无祸，祸莫大于邀福。